中国乡村旅游化发展困局破解

——基于增权视角下的理论分析与机制重构

马　震◎著

中国财经出版传媒集团
中国财经经济出版社

图书在版编目（CIP）数据

中国乡村旅游化发展困局破解：基于增权视角下的理论分析与机制重构／马震著. -- 北京：中国财政经济出版社，2020.6

ISBN 978-7-5095-9781-1

Ⅰ.①中… Ⅱ.①马… Ⅲ.①乡村旅游－旅游业发展－研究－中国 Ⅳ.①F592.3

中国版本图书馆 CIP 数据核字（2020）第 072279 号

责任编辑：彭　波　　　　责任印制：史大鹏
封面设计：孙俪铭　　　　责任校对：张　凡

中国财政经济出版社 出版

URL：http：//www.cfeph.cn

E-mail：cfeph @ cfemg.cn

社址：北京市海淀区阜成路甲 28 号　邮政编码：100142

营销中心电话：010-88191537

北京财经印刷厂印装　各地新华书店经销

710×1000 毫米　16 开　14 印张　183 000 字

2020 年 6 月第 1 版　2020 年 6 月北京第 1 次印刷

定价：68.00 元

ISBN 978-7-5095-9781-1

（图书出现印装问题，本社负责调换）

本社质量投诉电话：010-88190744

打击盗版举报热线：010-88191661　QQ：2242791300

前　　言

乡村旅游是以乡村旅游化带动周边产业发展，从而成为乡村地区经济发展与缩小城乡收入差距的重要举措。伴随着中国经济增长由高速增长迈入中低速，传统的乡村旅游也需要从单一的“景点旅游”向以旅游产业为优势产业，全面统筹区域内部的经济、社会以及文化资源的“全域旅游”发展，在这过程中，必然会牵扯到各经济主体在其中的利益分配与博弈，因此乡村旅游的发展也困难重重。本书正是基于中国乡村经济体系的发展与变化，结合经济学、管理学以及社会学等关于乡村经济的研究，在社区增权理论框架下探讨中国乡村旅游的困局与破解机制，最终为中国经济增长寻找新的动力，为乡村旅游的全域旅游发展提供新的方向。从厘清乡村旅游化发展理念入手，通过探究乡村旅游化过程中社区旅游增权的演变机理与实现机制，提出更具针对性和操作性的乡村社区旅游增权路径，从而为乡村旅游社区打破旅游增权困境，提高旅游增权效能提供理论依据和决策参考。

本书的研究发现有：第一，通过利用修正的三阶段 DEA 模型对中国乡村旅游化过程中的现状和质量进行客观评价，挖掘了乡村旅游化过程中矛盾的成因机理，从理论上厘清乡村旅游化发展与乡村旅游目的地社区旅游增权的生成或实现机制：旅游化的经济基础依然薄弱、旅游化的收入水平较低、旅游化的文化基础差距较大、旅游化的教育水平有待提高、旅游化的社会网络联系不强。这些因素致使乡村居民的参与乡村旅游的意愿与能力降低，影响旅游化发展的水平，从而需要对乡村居民进行社区增权。

第二，在社区增权的理论框架下，结合中国乡村背景，本书构建中国乡村旅游可持续发展的理论框架。以乡村旅游资源的外部性视角，文化资本理论、人力资本理论与社会资本理论，结合乡村社区旅游开发各利益主义的目标与权利，探寻乡村旅游开发过程中的利益分配失衡问题，以制度增权、文化增权、教育增权和社会增权来增加乡村居民的制度资本、文化资本、人力资本与社会资本，从而弱化或内化旅游开发中的外部性、提高文化、人力资本以及社会参与在乡村旅游开发中参与利益分配的能力。

第三，本书选取乡村旅游的先行者陕西省礼泉县袁家村为研究对象，通过实地调研聚焦袁家村在乡村旅游发展的不同阶段社区旅游增权问题。围绕其社区旅游增权机制与利益博弈的动态演变，发现只有充分考虑各个利益相关者的增权或授权诉求，并实现旅游增权过程的协调运行，才可能增强旅游增权的效果。袁家村乡村旅游化正是基于对社区居民的一系列增权，确保了其相关利益收益和旅游参与的积极性，从而与袁家村乡村旅游成为良性互动。

本书的创新之处主要有：第一，从社区增权的角度，以乡村旅游化发展困局作为切入点研究中国乡村旅游的质量问题，完善旅游社区增权理论研究体系，基于多个学科视角之间的联系对旅游社区的增权路径与方式进行综合研究。传统分析乡村旅游化发展困局往往以社区居民的经济利益或某种单一的社会文化因素为重，忽略了乡村旅游化发展过程中利益主体之间盘根错节的文化、社会以及其他能力收益的关系，从而不能客观地分析乡村旅游化的困局。本书正是通过社区增权的理论框架重新识别发展乡村旅游过程中遇到的障碍因素并构建理论分析框架，丰富了乡村旅游的基础理论。

第二，构建乡村旅游化水平评价模型。通过“全域”视角对中国乡村旅游化水平的测度进行指标选取与案例分析，客观地评价了中国乡村旅游化的水平，并分模式地分析了特色旅游社区增权研究案例，如我们不仅考虑到了“袁家村”这类文化旅游模式，也分析了如“汉城湖”这类自然景区的乡村旅游模式。

第三，提出中国乡村旅游化困局破解机制。以社区增权理论为指导、以多种模式下的乡村旅游实践经验为基础，对中国乡村旅游化发展理念进行修正，重塑了乡村旅游的动力机制，构建了中国乡村旅游化的破解制度和运行条件。

作者

2020 年 1 月

目　　录

中国乡村旅游化发展困局破解

Chapter 1

第一章 绪 论

第一节　研究背景及研究意义

一、选题背景

（一）乡村旅游发展亟待转型

中国的乡村旅游是伴随着城乡收入的不断提高及工业化、城镇化进程的不断加快而产生，中国经济的高速发展以及工业化城镇化的速度加快不但提高了城乡居民收入，也使人们对待旅游消费有了新的认识：它不再只是一种大机器工业化时代下的休憩的替代品，而是改变人们认知自然、理解历史从而构建自己内心价值观的新方式。在这种认识的影响下，旅游者对待自然景观与人文景观的旅游业不再只是赶场般的“走马观花”，而是需要真正切身实地地体验当地旅游带来的内心愉悦与价值改观，从而使乡村旅游能够成为满足旅游者上述体验的新模式。与此同时，伴随着中国经济增长由高速增长迈入中低速，以创新驱动发展方式转变成必要之举，在此情况之下，传统旅游业也需要从单一的“景点旅游”走向以产业为依托优势产业，全面统筹区域内部的经济、社会以及文化资源的“全域旅游”，通过创新“全域旅游”的发展模式，突出了旅游业作为经济增长极的重要作用，从而带动和促进协调城乡经济发展，逐步缩小城乡收入差距成为必要之举。

然而，传统乡村旅游的发展存在诸多问题。由于我国仍是发展中国家，以传统旅游带动经济增长的能力有限，中国乡村旅游化困难重重，表现为乡村旅游化质量不高、规章制度不健全、土地旅游和与社区旅游化不匹配等，因此需要我们对中国乡村旅游化的现行状态进行评估，找出其困境的原因，通过创新发展理念，以“社区的旅游化”为先导，整合土地与社区等要素，使之内生为我国乡村旅游化新的推动因素；通过构建新的动力机制，重构乡村旅游化发展模式，使乡村旅游真正能够成为“全域旅游”，从而拉动贫困村民致富，缩小城乡收入差距。

（二）乡村旅游社区参与的发展现状

乡村旅游社区参与旅游发展基本处于初级参与层次或初级向积极参与层次过渡阶段，主要表现为：参与渠道狭窄，方式单一，旅游产品以观光、表演等初级旅游产品为主；缺乏外界资金来源和经营管理能力，内生动力源不足；在组织形式上，缺乏第三方力量提供咨询、监督以形成制衡；在参与程度上，社区居民往往是被动参与，关于景区经营管理的重大决策基本无话语权。社区参与的缺失对旅游景区发展所造成的影响，按照景区发展的不同阶段分为以下几个阶段。

旅游开发阶段：景区开发规划脱离当地社区实际，景区开发可能侵害当地社区居民利益，引起抵制和反抗；违背可持续发展原则；景区所有权、经营权、管理权分配不合理，可能引发旅游资源归属权问题的纷争，导致资源配置不合理或资源浪费。

景区运营阶段：利益分配不均，激化政府、景区与社区之间的矛盾；过于凸显政府可能抑制景区自主发展能力、管理效率、资源配置不合理、滋生腐败现象、侵害社区利益；过于凸显企业地位则可能导致“一家独大”的局面，追求短期利益而忽视长远利益，造成对景区自然和人文资源的破坏。

提升阶段及其后续影响：旅游景区产业整合、空间拓展和功能提升等方面滞后；缺乏完善乡村旅游的进入与退出机制；社区居民利益受到侵害，产生抵制变革的情绪，甚至排斥外来旅游者等行为；民族文化面临危机，旅游景区初期过于商业化的市场定位可能使本土文化发生异化甚至灭亡。

（三）乡村旅游社区参与评价反思

大量的实证研究表明，我国的乡村旅游社区参与处于一种困境，经常是有心无力的状态。到底什么可以作为有效参与的标杆，是参与决策，还是参与利益分配，或者是参与监督管理，迄今没有准确答案。而对于参与不足却有种种研究表述，多集中于乡村社区从旅游中获益不足。而乡村社区参与乡村旅游也存在一个有效性问题，因发展阶段、具体情境、目的地类型等多种因素而有不同。在初级阶段，参与可能更流于形式，居民或是没有权利意识，即便是有，也没有形成合理的意见渠道，行政方面也可能未引起重视。而这种参与，主观于感知，客观在获益，并没有一个统一的度量衡标尺。旅游发展所追求的结果，并非所有人都参与到其中的极端状况，也不是完全被剥夺参与的权利，可能是一种适度的参与，是自由选择状态下社区居民获取收益与心理满意之间的一种平衡状态。社区参与不足会产生一些不良的示范效应，造成社会的不和谐，出现不稳定因素，可将这一情况归结为权利的匮乏或缺失，尤其是社区参与政治的权利渠道的缺失。当然既有来自自身主观能动性的发挥不足，也有来源于外界的权力抗衡的吃力。在各种权力的抗衡中，社区作为一方的权利空间被挤压，经常是处于“只能反映意见”的水平上。为加强社区参与，对权力增加的诉求已经引起诸多学者的关注，因而关注重点应该由权力到权利，而后能在制度层面上落实，而不仅仅关注于物质要求上。

（四）旅游增权理论的认识

旅游增权被认为是实现社区参与的手段或方法，主张通过外力来给予社区居民发展旅游的机会，通常涉及经济、心理、社会及政治四个维度。国内对增权理论的研究尚处于学习借鉴阶段，因此在大量的研究中存在增权理论被泛化阐述的现象，认为只要是社区参与不足的地方就要从四个维度来加强，不加区分，而增权首先要针对主要匮乏的权力，抓住主要矛盾的主要方面，不是权重一样的增加，而是参差有序的增加。而对于相对获得经济利益的社区很少提及增权的概念。

（五）我国社区参与乡村旅游发展现状

改革开放初期，在国内外市场需求不断扩大和发达国家先进经营理念的传输下，我国的乡村旅游应运而生。自20世纪90年代以来，社区居民开始积极参与旅游分工，通过促进景观的协调统一、培养浓厚的文化氛围、创新丰富的活动项目，将乡村建设成具备休闲度假、疗养、游憩等功能的综合性旅游目的地。目前，我国乡村旅游已进入全面发展的攻坚期，但社区居民大多停留在“象征式参与、被动式参与、咨询式参与”等浅层次水平，主要体现在以下几个方面：

（1）社区参与乡村旅游发展的能力差。在旅游开发与经营过程中，在某种程度上总会存在强者独断专横、合谋而为的现象。例如，乡村旅游地的规划开发决策过程中较少开展公众咨询，居民意见的影响力微乎其微。此外，由于部分行政管理工作的重复性、行政区划意义上的条块分割，导致社区居民的参与积极性不高、参与能力有限，几乎丧失对相关政策制定、实施的知情权和选择权。社区参与形式也多为居民自发性活动，经营模式基本属于一家一户的家庭式分散经营，缺乏集体合作精神。

（2）社区参与乡村旅游的范围狭窄，参与层次低的社区居民的主动参与性是乡村旅游发展的内在驱动力。在季节、周期等因素的影响下，乡村旅游发展淡旺季明显，而收入的不稳定易使社区居民参与旅游工作的积极性受到影响。同时，受教育水平、综合素质等因素的限制，社区居民本身参与能力较弱，使当地政府在开发过程中，面临本土专业人才缺乏的局面，加之专项资金的缺乏，不得不借助外力，大肆招商引资，无形之中使当地社区居民参与乡村旅游陷入更加被动的地位。自身内在因素和外在竞争力的双重压迫，在极大程度上限制了社区居民参与旅游发展的机会和层次，具体表现在工作内容大多技术水平要求不高、时间长且报酬少，如导游、家庭旅馆、民族表演或为游客提供各种交通工具等，真正参与到旅游决策、开发、规划、管理、监督等工作的社区居民寥寥无几。

(3)社区参与乡村旅游发展利益分配机制不健全。社区居民作为乡村旅游发展中的既得利益者，在最终的收益分配中却普遍存在机制不健全、收入不均等现象，社区传统的人际关系也因此遭受着利益纷争所带来的新挑战，居民以自我为中心的意识逐渐被强化，家族中心意识、集体意识不断被弱化，对社区居民的规范和引导作用逐渐减弱。利益分配不均引起部分社区居民的不满和愤怒更会产生一系列的纠纷问题，既不利于乡村目的地品牌形象的打造，更使乡村旅游业的可持续发展受到阻碍。

二、研究意义

(一)理论意义

增权理论始于20世纪80年代的社会学领域，随后被不断地运用到旅游研究中，而我国最早出现的旅游增权研究是由2008年左冰和保继刚提出的，并逐渐获得了国内学者的关注和重视。但与国外相比，由于我国对旅游增权的研究起步晚，研究历程短，研究成果主要集中在理论层面，实证研究中也多采用“现状—策略”的模式，定量研究少，因此本书在一定程度上丰富了旅游增权的定量研究，为旅游增权的后续研究提供借鉴；前人的研究中对地方依赖与旅游发展支持度的关系研究较多，但以旅游增权作为中介变量的研究还未发现，本书认为地方依赖、旅游增权及旅游发展支持度同属于居民感知范畴，以地方依赖为自变量，旅游发展支持度为结果变量，探讨旅游增权是否在两者之间起到中介作用的设想是有理论意义的；居民作为遗产地重要的利益相关者，与当地社会的和谐稳定有着直接联系，关乎着遗产地旅游能否获得良性发展。本书以开发较为成熟的世界遗产地张家界武陵源为例，以此为其他遗产地的持续健康稳定发展提供理论参考。

以“全域旅游”促进乡村旅游发展从而带动乡村经济发展是目前研究旅游问题的热点和难点之一，能否通过经济学、管理学、社会学等多学科背景构建乡村旅游的协调运作模型对于乡村旅游的理论研究和实证研究都有着重要意义。传统社区增权理论的缺陷在于没有看到中国乡村问题的特殊性，本书正是通过相关学科的综合分析，结合中国转型经济的背景，构建了乡村旅游可持续协调发展的理论模型，通过乡村旅游化困局机理分析，提出破解机制，从而丰富现有乡村旅游与社区增权的理论研究。

（二）现实意义

本书从厘清乡村旅游化发展理念入手，具有重要的现实意义。通过探究乡村旅游化过程中社区旅游增权的演变机理与实现机制，提出更具针对性和操作性的乡村社区旅游增权路径，从而为乡村旅游社区打破旅游增权困境，提高旅游增权效能提供理论依据和决策参考。乡村旅游化蕴含巨大发展潜能，理念正确清晰的乡村旅游化将成为支撑乡村经济持续发展内生动力的刚性元素。此外，本书从社区旅游增权的视角切入，把握中国乡村旅游化的症结所在。根据乡村旅游化过程中社区参与现状、问题，针对影响社区增权的因素及其发展态势，从根本上解决问题。

随着脱贫攻坚战的持续深入，习近平总书记提出的“乡村振兴”理念得到贯彻，旅游扶贫正是其中的典范。我国广大乡村地区一直是国家扶贫的主攻区，乡村往往都拥有丰富的旅游资源、奇异的地貌特征，这为其旅游业的发展提供了重要条件。在这样的现实背景下，对乡村的社区居民感知的研究主要有三点意义：第一，了解居民对乡村旅游目的地的情感程度，激发居民对乡村的自豪感和骄傲感，从而提高居民对家乡的认同度，促使居民积极主动地响应当地旅游发展；第二，乡村旅游目的地社区居民旅游增权效果是否良好，直接关系着当地政府各项旅游规划能否顺利实施，使政府意识到居民在旅游发展中的重要作用，进而影响旅游决策，让居民拥有真正的话语权，获得公平的利益分享；第三，关系模型的检验在一定程度上为政府对居民旅游权益中的不同关注点做出判断提供参考，从而对症下药，增强居民的心理认同度，促使居民形成积极正向的旅游发展支持态度，推动当地旅游的持续良性发展。总之，希望能为乡村振兴带来有价值的启示。

第二节 研究思路及研究方法

一、研究思路

本书主要是基于中国乡村经济的发展，运用经济学、管理学以及社会学等学科对乡村旅游经济的研究，在社区增权理论框架上探讨中国乡村旅游的困局与破解机制，最终为中国经济增长寻找新的动力，为乡村旅游化发展提供新的方向。针对研究乡村旅游发展困局的核心问题，本书将遵循“文献归纳与数理——理论阐释与说明——水平测度与实证分析——政策建议”的思路展开系统分析：

首先，通过对中国乡村旅游化过程中的现状和质量进行客观评价，挖掘其困局的成因机理，利用社区增权的理论框架分析中国乡村旅游化过程中的各方利益博弈，从理论上厘清乡村旅游化发展与乡村旅游目的地社区旅游增权的生成或实现机制，从而形成本书的理论基础。乡村旅游化发展与社区参与程度息息相关，社区旅游增权机制是社区参与乡村旅游的核心问题，其既是乡村旅游化发展困境的归因，又是社区旅游增权路径的依据。

其次，在社区增权的理论框架下，结合中国乡村背景，构建中国乡村旅游可持续发展的理论框架。由于现有关于乡村旅游的理论研究主要是在社区增权理论基础上讨论乡村旅游协调发展的理论逻辑，因而本书借鉴了现有研究成果，在增权理论框架下加入中国乡村经济发展的特殊背景因素，分析其对乡村旅游的影响因素，提出破解乡村旅游困局的机制框架。

再次，在此基础上，本书选取乡村旅游的先行者陕西省礼泉县袁家村为研究对象，通过案例分析聚焦袁家村在乡村旅游发展的不同阶段社区旅游增权问题。袁家村乡村旅游化程度较高，在研究袁家村社区旅游增权问题过程中将当地政府、旅游企业以及周边社区居民等利益相关者为研究对象，一方面，由于根据社区旅游增权的理论背景和现实条件，这类乡村旅游目的地社区并不具备旅游增权的依据，但旅游失权的问题却客观存在，导致其深陷旅游增权的悖论与困境，因此这类乡村旅游目的地具有一定的研究典型性；另一方面，由于社区旅游增权机制的生成是诸多利益相关者围绕旅游增权展开动态博弈的结果，因此只有充分考虑各个利益相关者的增权或授权诉求，并实现旅游增权过程的协调运行，才可能增强旅游增权的效果。

最后，在对中国乡村旅游化的困境进行理论分析与实证检验的基础上，梳理本书的结论并提出乡村旅游社区增权的具体路径与政策建议，并对本书的研究进行评价，得出不足之处和进一步的研究方向。

二、研究方法

根据本书的研究内容，采用以下方法进行研究：

（一）逻辑演绎与归纳相结合的方法

基于对现有乡村旅游中的问题及旅游社区增权的文献的逻辑梳理与归纳总结，理清乡村旅游发展过程中的社区增权对于乡村旅游发展的影响机理，进一步论证乡村旅游可持续发展的影响机制的动态过程，建立起解决乡村经济发展中困局的破解机制。

（二）DEA 方法

为了测度中国乡村的发展水平，需要利用主成分分析、熵值法等线性统计分析方法，对多指标进行综合评价，客观分析中国乡村发展水平和隐含的困局。然而上述线性方法减少了信息表达的内容，因此，基于旅游化发展的概念，利用修正的三阶段 DEA 模型来实现旅游化水平进行评价与分析。

（三）混合截面数据（Pool Data）的分析方法

由于本书的观测对象样本均来自调研数据，调研的样本选择、调研方法的不同造成了这些连续时间的样本数据成为混合截面数据，因此需要用截面数据的分析方法从实证角度验证乡村因素对旅游水平影响的过程和逻辑，最终为乡村旅游可持续发展相关政策的制定提供现实依据。

（四）案例分析法

乡村旅游作为实践度较高的研究，需要进行大量的实地调研，为此本书选取西部地区具有代表性的袁家村，对其村民、政府以及开发商均设有调研访谈问卷，比较分析乡村旅游化发展的特征及演变趋势。

第三节　研究内容与研究框架

一、研究内容

根据本书的研究思路，主要的研究内容如下：

第一章绪论。阐述了乡村旅游发展和社区增权的选题的背景和意义，以及其研究思路与框架，并介绍了研究方法与可能的创新之处。

第二章国内外相关研究评述。从乡村旅游与地区发展之间的关系出发，总结归纳了中国乡村旅游发展过程中出现的矛盾与困局，引出乡村旅游社区增权的意义，并提出本书的理论机理和核心。

第三章研究的理论基础。对本书研究的问题相关的概念进行了界定，阐述了本书研究的理论基础，为本书的研究奠定理论基础。

第四章中国省域旅游化水平的测度与困局解析。本章构建旅游化发展的指标评价体系，利用修正的三阶段 DEA 模型对中国省域旅游化水平进行测度，分析乡村旅游化发展过程中存在的问题，初步构建乡村旅游化困局的理论逻辑。

第五章中国乡村旅游化的破解机制之Ⅰ：制度增权。本章以外部性视角探寻乡村旅游开发过程中的利益分配失衡问题，从而构建乡村旅游制度增权的框架。

第六章中国乡村旅游化的破解机制之Ⅱ：文化增权。本章结合文化经济学的相关理论，分析文化因素影响乡村旅游的机理并进行实证研究。

第七章中国乡村旅游化的破解机制之Ⅲ：教育增权。本章以人力资本相关理论为基础，并利用调研数据实证分析人力资本因素影响乡村旅游的机理。

第八章中国乡村旅游化的破解机制之Ⅳ：社会增权。本章结合社会资本相关理论，并以中国家庭综合调查数据（CGSS）分析社会资本对于打破乡村旅游壁垒的机理并进行实证研究。

第九章袁家村民俗旅游：一个增权框架下的案例分析。本章以陕西袁家村为调研对象，分析社区增权模式的具体演化道路，并比较政策实施效果，修正完善乡村旅游化破解机制。

第十章乡村旅游增权的路径和政策保障。在上述研究的基础上，本章构建乡村旅游制度增权、文化增权、教育增权与社会增权的体系，并在土地旅游化流转和社区旅游增权结合、社区参与土地旅游化收益、土地股份共享与社区权益保障、社区公共服务等方面进行政策完善。

第十一章结论与研究展望。概况总结本书的主要结论，阐述乡村旅游的困局破解机理，同时简要说明本书研究中的不足，为未来研究方向提供视角和思路。

二、研究框架

本书的研究框架如图 1 - 1 所示。

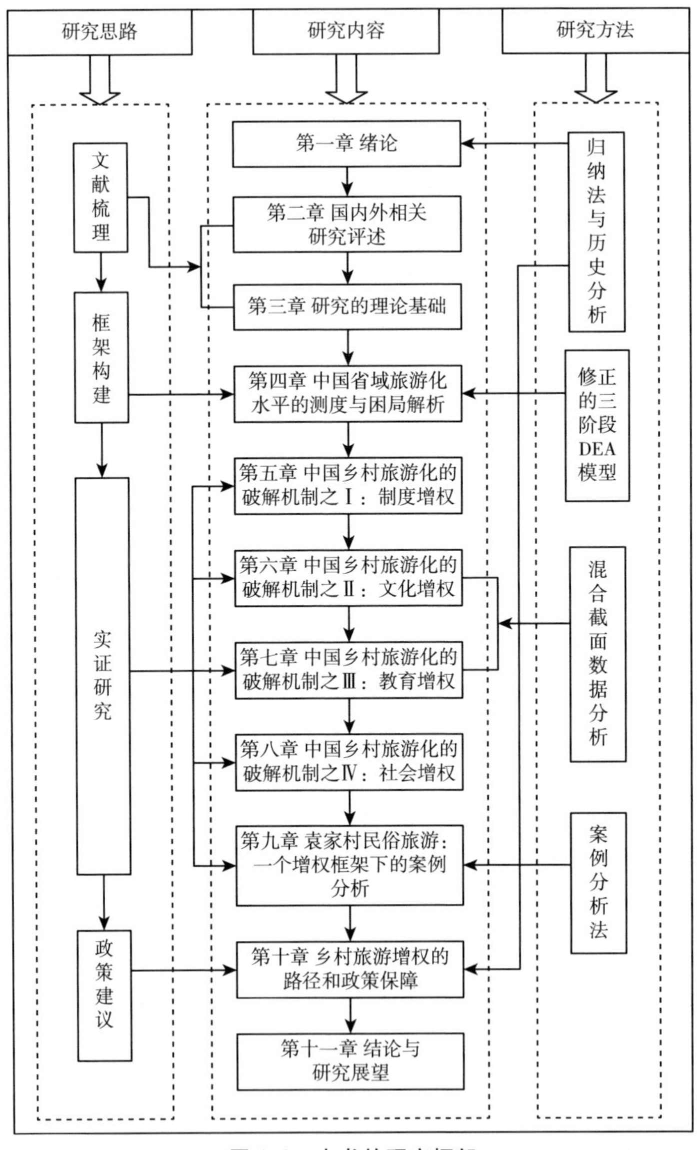

图 1.1　本书的研究框架

第四节　本书的创新之处

本书以社区增权框架构建了乡村旅游可持续发展的理论模型，为中国乡村经济的困局提出了破解的逻辑机理和实践经验，因此本书的创新之处主要有：

第一，从社区增权的角度，以乡村旅游化发展困局作为切入点研究中国乡村旅游的质量问题，完善旅游社区增权理论研究体系，基于多个学科视角之间的联系对旅游社区的增权路径与方式进行综合研究。与以往研究不同的是，本书在分析乡村旅游化发展困局不再仅以社区居民的经济利益或某种单一的社会文化因素为重，忽略了乡村旅游化发展过程中利益主体之间盘根错节的文化、社会以及能力的关系，从而不能客观地分析乡村旅游化的困局。而是通过构建新的社区发展的投入—产出与社区增权理论重新识别了乡村地区在旅游发展过程中的困境因素并构建了理论分析框架，丰富了乡村旅游可持续发展的基础理论。

第二，构建乡村旅游化水平评价模型。通过“全域”视角对中国乡村旅游水平进行指标的选取和案例分析，客观地评价了中国省域旅游化的水平，并分模式分析了特色旅游社区增权研究案例，如我们不仅考虑到了“袁家村”“兵马俑”这类文化旅游模式，也分析了如“汉城湖”这类自然景区的乡村旅游模式。

第三，提出中国乡村旅游化困局破解机制。以社区增权理论为指导、以多种模式下的乡村旅游实践经验为基础，对乡村旅游化发展理念进行修正，重塑了乡村旅游的动力机制，构建了中国乡村旅游化的破解制度和运行条件。

第二章 国内外相关研究评述

在乡村经济发展过程中，由于乡村居民缺乏相应的信息、能力与组织，致使乡村居民在旅游开发中基本处于信息不对称的一方，也因此遭受了来自利益、文化、自然环境与权利的多重冲击，乡村居民成为旅游利益链中最弱的一环。他们既无法从旅游经济发展中获得与之权利匹配的收益，又不得不承担着旅游开发中对其传统农业文化与自然环境带来的破坏。因而乡村旅游化的过程中往往伴随着传统农业与现代旅游业的矛盾、传统文化与市场文化的碰撞以及在旅游开发中各经济主体之间的冲击，造成乡村旅游发展的困局。本章以可持续旅游发展为核心，梳理了现有乡村旅游化与经济发展之间矛盾的困局、原因以及解决路径，并对现有文献进行评价，提出本书的研究问题。

第一节　关于旅游化研究文献综述

一、国外旅游化研究综述

（一）文化资源的旅游化

简森—弗贝克就旅游对城市文化资源的影响作了比较系统的探讨。她认为，迅速发展的文化旅游为那些老旧的历史文化城市带来了新的经济发展机会的同时，也在旅游化的过程中威胁到文化资源。她采取一种实用主义的立场，认为旅游化研究最关键的问题在于如何管理好历史文化城市中的旅游化过程，而其中的挑战就在于如何创造出一种创新的旅游的方式来利用文化资源、营销文化旅游产品。简森—弗贝克的研究不同于其他相对静态的、关注结果的旅游影响研究，因为她的研究范式非常强调“过程”，即各类事物（主要是城市文化资源、文化遗产）在旅游活动的影响下如何发生变化的过程。此外，她还勾勒出了未来的旅游化研究中值得注意的问题，在一系列探讨性论文中，她多次呼吁学术界应当探寻旅游化的起因，注重旅游化过程中的伦理问题，深入认识旅游化过程的各个方面及其背后的驱动力，寻找能够表征旅游化的经济指标，进而更好地了解旅游化过程，并找到管理这些过程的策略。虽然简森—弗贝克并未太多涉及文化资源旅游化的实证研究，但她的探讨为其他学者的研究提供了很好的启发。

班达理（Bhandari）对苏格兰民族诗人伯恩斯（Burns）的旅游化现象进行了研究，他发现，多年来不断高涨的苏格兰国家意识使伯恩斯从一个浪漫主义的诗人变成了一个文化遗产符号，成为苏格兰全民偶像（national icon）和苏格兰文化特质的重要组成部分。旅游业正是利用了伯恩斯在苏格兰人心中的地位和知名度，与他有关的事物都被用来吸引游客，满足游客的需求。同时，他还发现关于伯恩斯的展出并非都是其原本的物品，而仅仅是“游客可接受的一些展示物”。与很多学者不同的是，他对这种“非原真”的行为并不持批判态度，相反，他认为这恰恰证实了文化遗产的“原真性”（authenticity）就是在“每一个时代不断被更新、修改和重做的符号建构（symbolicconstruction）”。其后，纳耶夫（Naef）对波黑的萨拉热窝（Sarajevo）和克罗地亚的武科瓦尔（Vukovar）战争遗址的旅游化进行了研究。他发现战争结束10余年后，这两座曾经饱受战争摧残的城市正在经历重建，旅游者回到了这两座城市，并且十分渴望游览那里的战争遗迹。在此基础上，他还指出，当前灾害地的旅游化研究大多限于定量的分析，导致其研究结果与事实不符，因此他呼吁这一类旅游化的研究需要采取更定性的、跨学科的综合性方法。

文化资源一般具有特定的文化意义，容易对游客产生吸引力，所以文化资源的旅游化是现实中比较常见的现象，学术界对这一现象的关注和研究也相对较早。学者们不仅致力于描述这种现象，而且就其提出了一系列值得研究的问题，因此这些学者的研究在旅游化的研究体系中占据了比较重要的地位。

（二）全社会的旅游化

在简森—弗贝克等学者研究的基础上，另一些学者的研究视角突破了文化资源或文化遗产，而将整个社会作为旅游化的研究对象。其中，萨拉扎的研究是一项重要进展，他不再局限于文化资源、文化遗产等特定的事物，而是从全球化着眼，将研究视角扩展到整个目的地社会。他认为在全球化背景下，旅游化可能引起目的地居民在生计上过度依赖于旅游业，还可能引起当地人的文化自豪感在西方意识形态统治下的不断丢失。在对坦桑尼亚和肯尼亚交界处的马赛（Maasai）地区的研究中，萨拉扎发现当地的历史和文化被用来在旅游业中进行展示以获得经济利益，然而旅游业却并未准确地还原当地的历史和文化，而是剥削（exploit）当地的文化，展示出带有明显殖民痕迹的形象，把当地作为供西方寻求奇闻趣事、猎奇冒险的落后社会。因此，他认为旅游化是一个矛盾的发展过程。

森（Seng）对新加坡社会的旅游化进行了研究，他指出由于旅游业对新加坡具有很重要的经济意义，因此游客的需求和权利得到了当地政府的高度重视。他从 3 个案例（分别是新加坡的再品牌化、新加坡新建的两个赌场以及新加坡教育和医疗旅游的发展）着眼，发现旅游在很大程度上改变了新加坡人民对于自己国家和民族特质的认识，旅游已经成为新加坡社会的一部分。同时，为了满足游客需求，城市里兴建了方便游客的公共空间和基础设施，甚至政府组织结构都因此被改变，因此，游客在新加坡逐渐得到与当地人相同的体验。最终，森给出了一个有趣的结论，即游客被“新加坡人化”，而同时新加坡被旅游化了。

（三）作为一种“秩序化的效应”的旅游化

由前面可以看出，学者们纷纷从不同的视角来研究旅游化，换句话说：到底什么“被旅游化”了？旅游化的研究应该关注哪些对象？是文化资源和文化遗产，还是当地居民，还是目的地社会，还是以上所有对象？似乎难以给出一个有说服力的答案。因此，这种结构的研究被富兰克林（Franklin）批评为“忽略了结构逻辑（structural logic）之间的联系”，无法揭示“到底发生了什么事情以及事情到底是怎么发生的（what actually happens and how it actually happened）”。同时，富兰克林还指出，多年来旅游理论研究都受到狭隘结构主义研究的阻碍，旅游在社会上和在空间上都被当作一个边缘的领域，因此旅游是一个理论化十分不足（neve radequately theorized）的领域。他从旅游的本体论出发，主张不仅应当研究旅游“是什么”（what tourism is），还应该研究旅游“干什么”（what tourism does）。为此，他借鉴约翰·劳的“秩序社会学”观点，认为旅游从本质上讲是一个“秩序化”的现象（tourism as an ordering）。他认为旅游的秩序化发展和蔓延是从两个相互联系的方面实现的：第一，旅游使每一个人都具备旅游属性，都对全世界产生兴趣，也就是个人的“游客化”；第二，旅游使地方、空间、城市和文化都秩序化或再秩序化了，使它们通过特定的方式改变、创造出新的地方。这样，旅游就会产生一系列“秩序化效应”（ordering effect），而旅游化就是其中一种重要的秩序化效应。在他看来，旅游化是指现代社会中的许多事物都被秩序化了，包括购物、外出吃饭、看电视、浏览网页、宣传营销和品牌推广等。他认为互联网就是一个很好的旅游化例子，因为人们“访问”（visit）网络“地址”（sites），人们“悠闲地”（leisurely）在网页间“漫游”（wander），网页为人们提供“地图”（map）等；同时，他还指出网页的设计方式也是带有旅游属性的，因为网页设计者的目的是“吸引”（attract）人们，让人们“逗留”（linger），“娱乐”（entertain）人们，并“销售”（sell）产品。

富兰克林的研究和其他学者截然不同。第一，着眼点不同，虽然富兰克林和其他学者都关注旅游化这一实际现象，但其他学者的研究大多是从旅游化现象本身出发，关注旅游化的起因、过程和结果，而对旅游化这一现象本质的探讨似乎不足。从已有的研究来看，学者们大多将旅游化定义为“旅游对其他事物产生影响的过程”，而事实上，近年来这种将主体和客体对立起来的研究受到了越来越多的批判。富兰克林的研究却是首先尝试对旅游给出一个新的本体论解释，即旅游是一个秩序化的现象，然后指出旅游化是其众多秩序化效应中的一种。一个简单的道理是：想要对正在发生的事情（旅游化）进行探索时，应该首先知道干这个事情的人或事（旅游）到底是什么。从这个角度讲，虽然旅游化并非富兰克林研究内容的核心，但他的研究似乎更接近旅游化的本质。第二，两者关于旅游化属性的认识不同，以简森—弗贝克和班达理等为代表的学者认为旅游化是一个过程，而富兰克林却把旅游化作为一个结果，即秩序化的效应。

二、国内旅游化研究综述

国内学术界对旅游化的研究始于20世纪90年代。然而，与国外同行有所不同的是，国外学者最初将旅游化作为一个现象来研究，而国内学者却首先将旅游化作为一种发展策略提出来。此后，国内学者对旅游化的研究主要集中在旅游化现象研究和旅游化程度的测度等方面。

（一）作为一种发展策略的旅游化

国内学术界对旅游化的关注可追溯到20世纪90年代，但国内学术界的研究并非始于对旅游化这一现象的关注，而是把旅游化作为一种新的发展策略。当时，国内学术界和政府部门都逐渐认识到了旅游业重要的社会经济意义，因此不断倡导、鼓吹各地应当将旅游化作为推动社会经济发展的重要策略。刘刚是国内较早提出旅游化这一概念的学者，他在分析日本岐阜县白川村旅游化发展经验的基础上指出，我国云南省有条件也应当实施旅游化的发展战略；王巍认为，旅游化是应对当时我国水路客运发展低谷的重要策略，他提出应当以长江人文山水为主题，开创集食、住、行、游、购、娱、商等多功能于一体的水上客运新模式。

此后，随着联合国教科文组织自2001年起陆续公布了3批世界非物质文化遗产，我国文化部也于2006年公布了首批国家级非物质文化遗产，国内学者也纷纷提出旅游化是非物质文化遗产重要的生存和发展路径这一观点，国内旅游化的研究掀起了一股“非遗热”，并延续至今。王德刚等（2010）认为，旅游化是非物质文化遗产保护和传承的重要模式之一，同时他认为旅游化模式具有时代性、经济性和进步性等特点，是“非遗”保护和传承最有效的模式；张晓萍等在文化空间理论的基础上归纳出了非物质文化遗产旅游化生存的两条主要路径，即以“核心象征”的提炼为主的大型歌舞实景表演和以展示民俗文化氛围为主的非物质文化遗产景观。此外，刘德鹏对景颇族“目瑙纵歌”、桂榕等对傣族民族文化和王德刚对农业文化遗产的研究中都指出旅游化是保护和传承这些文化资源的重要方式。

（二）作为一种现象的旅游化

王宁是率先对旅游化现象进行系统研究的国内学者，他认为旅游化是一个“使社会及其环境都被改变成为宏伟景观、吸引物、运动场以及消费场地的社会经济和社会文化过程。”这一定义被萨拉扎认为是“日常生活的旅游化”。王宁对旅游化的起源进行了探索，他认为旅游化是一个普遍的现象，旅游化起源于全球化，是全球化的一个组成部分，全球的旅游化迅速地连接起全世界的人、资本、形象和商品，并强化了它们的循环流动，这在一定程度上回答了简森—弗贝克提出的关于旅游化起因的问题。同时，王宁还指出经济发达的国家由于在基础设施、交通网络、游客需求、营销技能以及经济总量方面存在优势，因此旅游化程度也就较高。可以说，王宁的研究不仅摆脱了简森—弗贝克等仅仅关注文化资源的相对局限的研究视角，而且早于国外的森和萨拉扎等学者，这在我国的旅游研究中并不多见。

然而，可能由于王宁的著作出版于英国，而且是以英文写作，因此国内其他学者的研究与王宁在一定程度上存在脱节，国内大部分学者直到近几年才开始关注旅游化现象。朱竑等是较早在中文文献中关注旅游化现象并阐释旅游化内涵的国内学者。在对桂林的旅游城市化和城市旅游化的实证研究中，朱竑等将城市旅游化定义为“城市发展与旅游紧密结合，并充分考虑为旅游发展服务，进而从中获益。城市旅游化是城市，尤其是旅游城市发展旅游业的必然要求。它是城市主动迎合旅游业发展，在城市规划、城市建设及城市管理等方面向旅游发展的需求倾斜，充分发挥城市在整个旅游体系中的重要作用，并逐步完善城市旅游功能、加强旅游配套设施建设的演变过程和变化趋势。”有趣的是，虽然朱竑等并未引用森关于新加坡旅游化研究的文献，但两者关于旅游化的定义却非常接近，这体现了国内外学者对于城市旅游化认识的不谋而合。之后，陈志钢等对乡村地区的旅游化现象进行了研究，他们通过典型案例研究将乡村旅游化的类型归纳为试点型、自发型、带动型和受动型等，并指出旅游化的动力机制包括经济利益驱动、旅游资源和基础设施建设促动、市场需求拉动、政府扶持和周边村落推动、先锋农户和体制精英带动等；在随后的一份调查研究中，陈志钢等又进一步识别出了旅游化对乡村地区的一些微观影响，包括使村民经济收入迅速增加、村民就业结构发生变化、村民参与旅游的意识增强、生活环境与质量发生改变、社区问题开始显现等。此后，国内学者关于旅游化现象的研究视角逐渐扩展，如张孔明、史彦雍和栾海燕等分别对文化资源、古城景观和房地产业等的旅游化现象进行了研究。

（三）旅游化水平的测度

另一些学者认为旅游化，特别是城市的旅游化是一个复杂的过程。在这个过程中，城市的产业结构、就业结构、空间结构、资源利用等方面都会发生变化，而仅仅从旅游化的外在现象进行描述和研究难以揭示旅游化的这些内在变化和特征。因此，有学者呼吁应当采用一些指标来测度或反映城市旅游化的程度。徐伟是较早进行这一尝试的学者，他采用层次分析法，选取区域城市化水平、区域旅游可进入水平、区域旅游发展水平和区域生态环境等 4 类指标对四川省都江堰市 2001 年和 2006 年的区域旅游化水平分别进行了评价。其后，李瑶亭选取城市旅游经济贡献水平指标、城市旅游产业发展水平指标、城市旅游就业容量指标、城市旅游产业规模指标、城市旅游产业关联度指标、城市旅游产业投资水平指标、城市旅游产业接待规模指标和城市旅游资源禀赋指标等 8 类指标对我国 26 个城市 2001～2009 年旅游化水平及其变化趋势进行了研究，发现东部沿海城市旅游化水平一般较高，而转型城市旅游化水平发展较快。张广海等分别测算了 2000～2010 年我国沿海地区的 11 个省区市的旅游化水平和生态环境质量水平，并运用耦合度模型对两者的耦合度和耦合度协调指数进行了研究，发现我国沿海区域旅游化和生态环境系统尚处于拮抗期，即区域旅游化水平不断提升，需要大量的资金投入和资源开发，对生态环境造成的直接和间接影响日渐明显。国内学者关于旅游化程度的测度是由简森—弗贝克所倡导，但还尚未由国外学者付诸实施的一项研究内容。然而奇怪的是，虽然从实际结果上看，国内学者这部分的研究可以被认为是对简森—弗贝克的“响应”，但是他们却大多并未引用简森—弗贝克的研究，这反映出国内学界关于旅游化研究的无序状态。

第二节　关于中国乡村旅游与地区发展之间冲突的文献综述

一、乡村旅游可持续发展与旅游主体之间的利益冲突

旅游发展的实践证明，合理的挖掘地区旅游资源可以形成地区经济发展的动力之一，从而带动地区生产生活水平的提高，因此在乡村

地区通过旅游开发，自然而然成为农村地区摆脱贫困的重要途径和谋生手段。然而随着旅游规模的不断扩大，旅游资源的可持续利用与旅游主体之间利益不协调成为中国乡村旅游的首要问题。国际上旅游发展中存在的旅游经济组织之间的不协调，旅游决策中忽视土著居民的利益以及土著居民无法参与到当地旅游开发的决策等问题，致使当地居民与政府和旅游开发商们之间形成了严重的利益冲突。一部分学者如 Murphy（1985），Robson 等（1996），Sautter 和 Leisen（1999），Yuksel（1999），Ryan（2002），Burns 和 Howard（2003），Sheehan 和 Ritchie（2005）运用利益相关者理论对这一现象进行了分析，他们不但开创性地区分了旅游过程中的多种利益主体并对其分析，而且通过访谈问卷和实地调研发现了旅游利益主体之间的冲突对于旅游发展的顺利与否具有一定影响。如 Simpson（2008）构建了政府与非政府组织、旅游企业与旅游社区利益相关者博弈下以外来企业为主导的 CBTI（Community Benefit Tourism Initiative）模式，在这些利益主体的利益纠葛与博弈下，最终会形成旅游发展的不同模式；Kalsom（2008）关注乡村旅游过程中政府部门之间、游客与旅游从业者之间、乡村居民、政府和旅游企业以及旅游从业者与旅游企业之间的利益分配与关注程度，其中利益相关者拥有的权利以及在旅游项目中的投入是影响其感知以及利益分配的重要因素。

此后，基于可持续发展对人和发展之间的协调的要求，学者们发现，乡村社区的本地居民在旅游经济可持续发展中起到了重要作用，然而他们也是利益冲突中最尖锐、利益博弈中最弱势的一环，也正因为如此，他们对旅游可持续发展的作用是最为基础和重要的。如 Bramwell（2008）分析了乡村旅游发展过程中各个利益集团之间的博弈状态，认为只有当利益相关者进行合作才有可能推动乡村旅游的发展，并提出了分配乡村旅游经济收益的制度安排（如构建利益相关者联系网络以及社区参与管理等）；金慧华（2009）、Teruki 等（2009）认为，乡村本地居民由于生存的环境与旅游开发环境最息息相关，他们的行为直接影响到了生物的多样性，文化的传承以及整体利益的平衡，因此本地居民是实现农村经济发展和维持生态系统平衡的重要力量，由他们来参与经济和文化建设是与经济可持续发展的要求一致的。这些本地居民正是“三农”问题中所强调的弱势群体，因此关注乡村旅游化中本地乡村居民的利益分配成为中国学者研究的重要问题。学者一方面强调了本地农民在乡村旅游中的弱势问题，如胡文海（2008）、李文军（2009）、古红梅（2012）等以具体的乡村旅游景区为案例，讨论了在开发过程中的本地居民与政府、旅游开发商以及旅游者之间不同的目标函数与博弈冲突行为，并初步提出了基于乡村可持续发展下的各旅游主体之间的利益分享机制。尤海涛等（2012）从理论认知和游客感知层面分析了乡村旅游的特征并强调了本地居民在维持乡村性上的重要作用和在利益分配上的弱势地位，他区分了两种乡村旅游开发的基本模式——“农家乐”及“景区化”中过度强化旅游短期经济利益与乡村性特征退化的冲突，提出保护乡村居民以维持乡村旅游特点的政策建议。

而这些研究主要关注了乡村旅游开发中的具体问题，因此另一些学者利用博弈分析方法，重点分析了乡村旅游发展中利益协调的理论机理，如郭华（2007）以利益相关者理论为基础，通过截取乡村旅游社区中政府、旅游企业、社区居民、旅游者等核心利益相关者的博弈片段进行分析，发现不同利益相关者之间收益函数与信息不对称造成了个体利益与整体利益间的行为冲突。只有通过合理的制度安排，才能够促使多方利益相关者达成合作共事，从而减少旅游开发中的矛盾。左冰（2013）将乡村旅游收益分配中的“共容利益”作为正义分配的出发点，通过政治精英、商人利益集团以及社区农民在宏观制度以及微观的利益目标的激励约束下形成了动态重复博弈过程，并认为乡村旅游收益分配必须通过上述制度的变革才能确保整体利益的最大化。王兆峰和腾飞（2012）以西部社区旅游为研究对象，考察了社区旅游利益相关者之间冲突的形成机制与形成类型，并提出利益均衡与文化整合机制一体化的冲突协调模型，为西部乡村旅游收益分配问题提供了参考。郭凌和王志章（2016）以四川泸沽湖景区为研究对象，讨论了在既有的产权制度下利益相关者的利益矛盾与冲突过程。产权不清晰以及制度安排不合理导致了乡村旅游收益分配不均，进而影响乡村社区居民开发乡村旅游的热情以及对乡村资源的保护，而企业在旅游开发中则表现出以经济目标为主的短视开发，忽略了对乡村环境的认知与保护，从而抑制了该地区旅游的长期可持续发展。

二、乡村旅游与乡村地区劳动力转移的冲突

发展乡村旅游的另一目的是通过乡村旅游发展的“乘数效应”带来乡村劳动力收入的提高，然而除了上述乡村旅游地区普通劳动者收入无法保障的问题之外，另一主要问题就是乡村旅游地区劳动力转移问题，城乡之间劳动生产率的差异会造成劳动力转移，乡村旅游的出现将城市和农村重新联系在一起，它综合了城市旅游业的多种业态，因此从理论上来说能够带动农村劳动力就业，提高乡村居民的收入。然而现实问题是在对乡村进行旅游开发的过程中，失地农民依然存在失业问题，集中表现为中高年龄农民就业难和收入降低（钟钰等，2012）。而随着乡村旅游的迅猛发展，乡村居民的就业不足与利益分配不均成为其与景区开发利益冲突的重要原因（柴寿升等，2013），Haija（2010）研究了约旦的旅游经济发展，在对案例研究时发现，政府对于乡村社区意见的忽略与不管不顾是造成该地区乡旅游迟迟未能发展起来的重要原因，强制性的搬迁与大量现代化基础设施建设使该乡村的自然资源被破坏，文化资源也逐渐消失殆尽，乡村旅游出现了不可持续的发展。

乡村旅游经济发展中劳动力转移问题与劳动力素质以及旅游产业发展阶段等有着密切关系，柳百萍等（2014）通过实地调研发现，乡村旅游劳动力转移中劳动力的受教育程度以及就业质量的低下严重

影响了农业劳动生产率，加之乡村旅游产业发展尚在初期，就业岗位要求比较低，使乡村旅游劳动力转移中有效与困境并存，其认为乡村旅游转移农村劳动力就业有效与困境并存。此外，农村中的岗位需求结构与就业结构偏差也是困扰乡村旅游劳动力专业的问题，乡村大多数就业岗位为体力劳动型岗位，与中青年要求的管理岗位实际供给存在一定的差距，然而中老年人的体力较差，无法与体力劳动岗位相适应，造成了工作岗位的供需矛盾。张兵（2013）发现传统农业耕作的人口年龄结构与性别结构存在一定趋势，即农业人口老龄化与女性劳动者增多成为趋势，然而这些劳动力由于年龄或性别因素造成劳动生产率不高，从而影响乡村旅游业的发展，究其原因在于乡村旅游活动一般与农业服务业等相关联，并且由于初级岗位造成工资较低，对于中青年男性劳动者的吸引力较差。赖斌等（2016）通过稻城县香格里拉镇的调研发现，特色旅游村镇发展不能够改变农户以“挖虫草、松茸”等传统农业手段为生的方式，也不能够激励农户参与职业培训与开设客栈对外经营，农户不愿积极参与乡村旅游的内生原因较多，因此需要政府提高农户素质，普及乡村旅游经营理念，吸引群众致富，并适当为其进行财政补贴。

此外，由于乡村旅游的经济发展模式不同，也会造成劳动力转移过程中的额外矛盾，如饶勇（2013）研究发现基于资本拉动经济的粗放型发展模式和空降外来高素质人才替代本地乡村居民的发展模式会导致本就欠发达的乡村经济陷入“资源诅咒”的陷阱，从而使乡村被不断边缘化，他以海南三亚旅游开发为调研对象，发现当精英劳动力迁入本地旅游发展中而不对本地乡村居民进行培训，造成本地社区被不断边缘化，从而造成了乡村居民对旅游开发的严重抵触，遏制了乡村旅游的良性发展。

三、乡村旅游与土地流转的矛盾

乡村地区的旅游发展与土地流转矛盾的研究主要集中在四个

方面：

第一，是关于旅游发展与农村用地的关系研究。最早提出乡村旅游发展和土地利用关系的是 McMurry（1930），他发现乡村旅游的发展与土地利用形式的变化有直接关系；沈刚（2007）以此为依据，从生态学视角研究了乡村旅游土地分类的管理；周杨（2014）认为土地经营权的归属是乡村旅游与土地流转过程中的核心问题，由于土地流转能够为乡村旅游带来大量资金、用地以及劳动力转移，从而推动了乡村经济的发展，因此土地经营权必须集中从而满足乡村居民“离土不离乡”，并增加乡村居民的就业机会从而提高他们的收入。赵中建（2013）以 1949 年后的乡村景观为研究对象，分析了乡村集体土地流转对于乡村景观的影响，其演变过程为私有化到市场化最后发展为类城化的乡村景观。

第二，是乡村旅游中的土地流转模式的研究。郭凌等（2009）将在乡村旅游中的农村集体用地的土地流转模式分为三类：农村土地的承包权与经营权分离、在原有集体用地下不改变其所有权使用的直接商业以及直接将农业用地转化为建设用地三种方式。田磊等（2009）将乡村旅游过程中的土地流转归结为土地股份制、土地转包、土地租赁以及土地转让等四种方式；王德刚和田芸（2010）以山东省的乡村旅游为研究对象，也总结出了上述三种土地流转模式。黄华和王杜春（2009）认为乡村旅游资源的开发应该有三种模式，包括农地置换发展农家乐等乡村旅游经营、通过土地转包和租赁发展观光农业、通过土地股份制实现委托代理发展生态旅游等。

第三，是乡村旅游土地流转过程中存在的风险问题研究。林旭（2009）认为土地在流转滞后存在多种风险，包括农民由于失地而失去生存能力与保障的风险、非法侵占耕地造成的粮食安全风险、由于土地所有权归属不清造成的利益分配不均进而引发的社会风险以及政治风险等；黄娅等（2010）认为乡村旅游过程中的不合理土地流转会造成乡村生态环境的破坏以及乡土特色的消失，在这点上旅游企业和经营者的责任较大，他们在利用土地开发旅游时往往不会注意对当地生态环境的保护，从而造成乡村土地水土流失、农业用水用地污染等问题，进而引发一系列的风险问题。朱新方（2009）、胡惠英和刘啸山（2012）认为乡村旅游土地流转风险除了上述风险外还包括农业龙头企业面临的自然风险与社会风险，以及由于信息不对称造成的寻租与腐败的风险；李中和洪必纲（2012）以我国中西部地区的农村为研究对象，认为土地流转可能会造成经济风险、社会风险、粮食风险、教育风险以及文化风险等；吴冠岑等（2013）则认为旅游化过程中以旅游经营促成的土地流转可能会造成机体土地社会、经济系统与自然系统三者之间的结构性风险，进而影响整个旅游系统的可持续发展；李毅等（2016）借鉴复合生态系统理论研究了浙江省 A 乡土地流转问题，认为在土地流转过程中主要存在由于契约、经营与管理和粮食安全造成的经济风险、由于收入分配差距较大造成的社会风险和自然风险等。

第四，是乡村旅游土地流转的过程中的制度缺陷。农村的土地流转由于涉及农村集体用地，其产权归属为国家或集体所有，因此容易产生所有权归属不清进而造成的收益分配不公、生态环境破坏以及非法用地等问题，不仅影响农民的生产生活，也恶化了农民、企业与政府之间的关系，进而严重遏制了乡村旅游的可持续发展（黄葵，2005；冯贤贤和杨振之，2008；黄葵和李庆，2012）。廖霞林（2008）、胡晓琴（2008）重点研究了乡村旅游中农村宅基地的非法流转问题，认为在乡村旅游的土地流转过程中必须针对法律制度的缺失进行完善和创新。杨振之和王飞（2008）认为通过推动农业经营体系的创新才能够解决乡村土地利用的分配不公以及非法用地等问题，从而促进乡村旅游的土地向科技化、现代化方向发展；梅燕（2009）发现由于利益保护和生态保护制度的缺失，在乡村旅游发展过程中土地流转不仅存在严重的非法侵占农业用地、随意改变土地用途等问题，还会进一步侵蚀农民利益和乡村生态资源。郭凌（2009）则认为由于制度缺陷，投资者能够通过低价获得土地进而压榨了农民收益，是其获得高额利益的主要原因。黄葵和李庆（2012）认为乡村土地流转需要解决的制度问题有：农地流转溢价与收益分配问题；农户收益权的确定和保护问题以及守住耕地红线保护合法农业耕地用地等问题。

第三节　关于解决乡村旅游困局的文献综述

一、乡村旅游开发与治理模式创新

池静等（2006）分析了杭州梅家坞茶文化村的旅游开发模式，调查了其在旅游化过程中“公地悲剧”的演变状况，提出了三种解决该问题的模式，包括地方政府主导旅游开发、外来投资者主导乡村旅游开发和农村集体组织主导乡村旅游开发，但这三种模式由于存在不同的利益目标与激励约束，因此需要乡村旅游因地制宜地评价与使用。郭文（2007）构建了多方旅游利益相关者的博弈进行分析，必须通过制度创新促使利益主体形成“无限重复博弈”，各方才有可能均衡利益，减少冲突。在乡村旅游社区制度变迁过程中可以有多种经营模式，包括居民自主经营模式、政府主导模式、市场化运作模式等。这些模式在利益博弈中均需要各种制度保障，因此提出了以“政府主导、居民赋权、市场参与、多方协作”为特点的多中心乡村旅游开发治理模式。潘顺安（2007）基于乡村旅游开发目标的六大原则——基于政府扶持、社区参与、利益分配、可持续发展、乡村性、因地制宜与创新，提出了赋予社区居民旅游资源产权等 5 大类 12 种乡村旅游开发主体模式，并对这些开发模式的优劣性和适宜性进行了评价。李亚娟等（2013）以北京市为例分析了大城市边缘区的乡村旅游地区的开发模式，对北京市边缘区的乡村旅游地进行土地、产业结构、社会结构和乡村景观分析，透视旅游经济作用下乡村旅游地城市化进程。其总结了北京市边缘区实现旅游城市化的发展模式：城市延伸型、乡村内生型以及乡村嵌入型的旅游城市化发展模式。陈海鹰、杨桂华（2015）基于对玉龙雪山居民的调查分析，描述与评价了在发展玉龙雪山的社区旅游时对居民的生态补偿方式和对居民的补偿意愿，探讨旅游发展背景下社区补偿需求结构特征及政策优化路径。从维持社区旅游生态补偿长效性考虑，应对旅游项目实施特许经营与管理、鼓励社区参与旅游发展和经营从而使乡村社区在补偿的基础上得到“授之以渔”的自身发展技能。陈雪钧（2012）以日本、法国和美国的乡村旅游发展经验的为例，总结了乡村旅游发展的支撑体系，包括政府部门健全和完善的法律规范框架（规范土地流转、乡村旅游的标准与规范、旅游资源的开发与保护、投资权益保护等）、长期持续有效的乡村旅游政策扶持机制（如在审批、税收、土地、贷款、融资等方面的优惠政策和宽松的发展环境）；王维艳（2015）认为地方政府应当通过“地役权合同”管理规制规范乡村居民和开发商权责利，强制景区开发商对社区进行“吸引物补偿”，并通过建立农地入股的现代旅游企业制度和旅游景区会计核算制度保障乡村社区要素参与利益分配，从而避免由于利益开发不均造成的经济冲突与社会矛盾。

二、社区参与

社区参与的目的在于实现知识、权力与资源等的再分配从而达到平衡各方利益、实现居民自我发展的要求，因此乡村旅游发展过程中的利益失衡要求社区参与（Arnstein，1969；Haywood，1988；Connell，1997；Simpson，2008；Matarrita - Cascante，2010；孙九霞，2009 ；黎洁，2001），当普通社区居民也能享有参与旅游发展、规划与管理的权利时，意味着社区居民与决策者信息相当，从而使乡村旅游的社区居民感知到公平，进而能够主动参与到旅游经济发展中来，促使其发展（Murphy，1985；Wills，1995；Wall，1997；Murphy，2004；刘纬华，2000；黎洁等，2001；李鹏和杨桂华，2010；曹务坤等，2014）。此外，由于在乡村旅游化过程中社区的利益主体间相互博弈会造成效率损失，因此社区参与旅游发展的绩效评估也是研究的一大重点（Briedenhann & Wichens，2006）。如 Choi 和 Sirakaya（2006）从政治、社会、生态、经济、技术和文化等层面全面评估了社区参与旅游发展的绩效。Okazaki（2008）在评价旅游发展中社区参与的绩效时构建了以社区参与水平与合作、权力再分配以及社会资本为基础的经济模型，用以判断在居民进行社区参与旅游开发时还应需要改进的状态，进而提出提高旅游水平的措施。

但是在实践中，社区内人们的互相博弈也可能阻碍社区参与对旅游的促进作用，如 Kneafsey（2000）、Tosun（2000）、Iorioa 和 Wall（2001）、Mamoiada（2001）以及 Mitchella 和 Reidb（2002）均通过对当地乡村地区的实地调研发现，由于不同的文化、环境等因素的影响，社区内部的居民利益也经常不一致，因而可能会造成相互矛盾从而无法实际真正意义上的参与到乡村旅游开发的决策当中。Macbeth（1994）通过对发展中国家的实地调研发现乡村居民的社区参与仅仅停留在表面，实际做决策的依然是政府和开发商。Potts 和 Harrill（1998）认为只有社区内的公民真正拥有了现代社会权力才有可能是社区旅游可持续发展。Tosun（2000）提出制约社区参与旅游决策的因素主要包括实践操作的复杂性以及结构和文化的局限性；郑群明（2004）认为，由于缺乏参与机制社区居民并不能全力投身于旅游决策过程中，因此造成其难以从乡村旅游开发中获益；陈飙等（2007）随后在对香格里拉藏族社区参与旅游中又加入了产业发展不平衡，人民内部矛盾以及供求不平衡的限制因素进一步阐述了乡村居民难以获益的原因。

三、社区增权

社区增权是提升社区参与度的重要措施，增权即增强权能，是指以外部参与来增强个人的能力和对权利的认识，从而减少或者消除个人无权感的一个过程（左冰，2008）。为了弥补民族旅游发展过程中社区和居民获益不足的缺陷，社区增权的这一想法被提出，它是可持续旅游的哲学核心（Cole，2006；Boley & McGehee，2014；Cole，2006；Scheyvens，1999；Sofield，2003；Strzelecka & Wicks，2015）。Choi 和 Murray（2010）认为，如果政府不能赋予居民权力，旅游发展和可持续发展的成功就不能得到保证。旅游业赋予当地居民权力的重要性在旅游业文献中已经很普遍，许多人认为没有居民赋权，可持续旅游是不可能实现的（Cole，2006）。这种对旅游文献中增权的解释是多维的，不仅强调通常与赋权有关的政治权力，而且强调了心理、社会和经济赋权的重要性（Scheyvens，1999；Boley & McGehee，2014）。1999 年，Scheyvens 构建了社区旅游的增权理论，认为社区增权应当包括政治增权、经济增权、心理增权与社会增权。Al - Oun 和 Al - Homoud（2008）、Timothy 和 Boyd（2006）、Taylor（2010）以及 Boley 和 Cassandra（2015）等以 GullahGeechee 文化遗产（简称 GGCH）为案例，详述了保护遗产文化的增权模式。通过经济增权，当地居民得以摆脱贫困，而政府也可通过旅游发展带动当地经济的乘数效应。但与西方不同的是，中国乡村居民参与到旅游化过程当中往往都是被动的，这就造成了社区参与政府主导乡村旅游开发过程中参与层次低、获利不均等问题的显现，致使乡村居民与旅游企业和政府冲突矛盾加深，因而社区增权在中国很有必要（保继刚和孙九霞，2008；李强，2010；郭文，2010；Strzelecka & Wicks，2015）。Marianna Strzelecka 等（2016）也认为，中东欧社会的政治条件适合在乡村旅游中引入社区增权机制。

根据中国特殊的政治经济背景，学者将增权研究内容进行本土化。社区参与之所以在中国乡村未能取得预计效果，主要是由于学者在旅游理论与实践中忽视了社区居民参与旅游收益分配的公平性，且这种公平性不能够依靠市场来进行调节而更多地需要国家法律与强制性的制度保证，维护社区居民参与旅游的收益不被信息、资本、权力以及寻租力量所侵蚀，从而使社区居民切实参与到旅游经济中并获得相应收益，因此社区参与还应当有制度增权（左冰，2009；左冰和保继刚，2012；王维艳，2013；潘植强等，2014；兰金秋等，2019），同时应当加强权力在社会身份构建的社会结构间的流动（陈静静等，2014）。于萍（2010）认为，社区增权应当包括个体增权（保证居民的受教育权利）、社会增权（确保居民生存的文化环境与自然环境不被侵蚀）和制度增权（确保居民社区参与利益的分配公平）三个方面。翁时秀（2011）提出应从三个方面进行增权：以心理增权为核心，划分受体类型以及多社区协同参与。朱玉熹（2011）分析了民族社区在旅游开发中的失权问题，并以乡村旅游资源中的产权归属定义社区增权的内容用于解决利益分配问题。修新田（2014）分析了山区社区居民在参与森林旅游开发中的问题，并提出了解决山区社区居民失权的路径，包括通过多部门联合公开政务信息的信息增权、通过对山区居民加强培训的教育增权以及通过建立健全居民参与森林旅游发展的利益分配制度的制度增权。程萍（2016）基于阿马蒂亚·森的权力贫困观和能力贫困观，提出了赋权增能的四条路径，包括从“外力推动模式”渐次推进到“内力推动模式”；以精准识别主体需求为起点，定制增权计划；以文化教育服务为基点，推升贫困农民综合素养；以自治经济组织为依托，挖掘脱贫的内生动力。

此外，左冰（2016）引入相对重置成本（反映资源的相对稀缺性）和权利指数（反映各方的讨价还价能力）建立了利益相关者动态博弈下的收益分配模型，他认为政府的“父爱主义”容易造成社区居民参与旅游缺位，从而代替了社区居民履行了这一职责，因此需要进行制度增权与信息增权，维护社区居民的利益，然而社区居民由于长久以来的受教育水平低下与权利意识的缺乏，因此还需要进行教育增权与心理增权，培育锻炼社区居民参与社区旅游谈判的能力。光映炯（2005）、艾菊红（2006）、赵巧艳（2012）从社会资本、文化资本、经济资本出发延伸了社区增权的逻辑，他们认为民族旅游中社区参与和居民参与理应是两个不同的层面，从社区参与到社区增权的理论发展脉络也反映了这一观点。民族旅游中居民的参与决策可以用“资本—策略”组合加以解释，基于此可构建相应的理论分析框架，并且依据居民所拥有的资本进行收益分配。王维艳（2018）认为依法增权是制度增权当中的重要一环，在社区存在正外部性以及出现利益博弈时非常重要，基于此提出了旅游社区增权的发展模式。

乡村居民对社区增权的定量研究。对增权感知的量化研究，如Boley和Gaither（2015）对Gullah Geechee文化遗产进行案例定性访谈进而评价了个体感知公平分配的程度。马东艳（2015）利用结构方程模型评价了桃坪羌寨社区参与旅游发展对其公平感知的影响。胥兴安（2015）等也利用结构方程模型检验了山东省沂南县竹泉村社区居民感知公平对于其参与旅游与激励旅游发展之间的关系。王昌海（2015）以7个省（市）30个乡村旅游合作社的302个社员为研究对象，尝试性地应用结构方程模型将乡村旅游合作社效率、公平、信任以及社员对合作社的满意度四个方面的内在作用机制进行了分析。陈志永（2013）等统计调查了贵州郎德苗寨和西江苗寨民族社区旅游增权的感知状况，发现居民的社区增权需要制度的保障、社区内部经营的推动以及农民组织化程度的提高。郭文（2010）、郭文和黄震方（2011）探讨了云南香格里拉雨崩藏族社区参与旅游开发的轮流制模式的利弊，并对其影响社区增权能力与云南傣族园进行了比较分析。黄娅（2010）以个人、组织和社区三者间的权利关系为基础构建了民族旅游社区参与民族艺术旅游开发的增权框架。龙梅（2011）、袁文（2014）、王会战等（2015）、许春晓等（2019）从个体感知视角分析了社区增权对于文化遗产地区社区旅游开发的影响，并定量评估了其增权感知的状态。车慧颖（2013）采用层次分析法与模糊综合评判定量研究了海岛社区旅游增权感知的状况。罗秋菊（2018）基于社交媒体情形下研究了心理增权对旅游地区的影响。此外，还有一部分学者从性别差异研究经济增权的大小调查妇女在旅游中的作用及其获得权力（Duffy et al.，2015；Ferguson & Alarcón，2014；Gentry，2007；Ling et al.，2013；Moswete & Lacey，2014；Pleno，2006；Scheyvens，2000；Tucker & Boonabaana，2012；伍百军，2014；Boley et al.，2016）。这种研究方法对特定社区内的性别问题有着深入的了解，但它尚未表现在男性和女性对旅游业赋权或剥夺权利的看法进行更广泛的定量评价，以及如何看待性别差异。

第四节　文献述评

通过对现有乡村旅游的发展状态、解决途径的文献梳理后，可以看出现有文献对通过社区增权路径解决乡村旅游已经有了理论基础和现实经验，未来的主要研究方向有以下几点。

一、中国乡村旅游的状态评价和成因机理分析研究

虽然学者们基于大量的实践经验考察，对中国某特定地区的乡村旅游状态做出一定的描述，得出乡村旅游发展当中的实践困境，但缺乏对整个中国全局乡村旅游状态的评价，也不能得出最合理的判断，因此本书在基于全国乡村旅游层面数据的基础之上，对乡村旅游化的质量进行总体评价，并对乡村旅游化中出现的问题进行逐一剖析。

二、社区增权的适用性研究述评

现有文献虽然以我国民族社区、文化遗产社区、古镇社区等乡村社区的增权模式与意义进行了现状以及实证分析，但对于旅游增权的机制尚未有所说明，基于此，本书首先完善旅游社区增权理论研究体

系，基于多个学科视角之间的联系对旅游社区的增权路径与方式进行综合研究，传统分析乡村旅游化发展困局往往以社区居民的经济利益或某种单一的社会文化因素为重，忽略了乡村旅游化发展过程中利益主体之间盘根错节的文化、社会以及能力的关系，从而不能客观地分析乡村旅游化的困局。本书正是通过社区增权的理论框架重新识别了发展乡村旅游过程中遇到的障碍因素并构建了理论分析框架，丰富了乡村旅游的基础理论。并且在此基础上扩充特色旅游社区增权研究案例，结合乡村自然背景和人文特色，为欠发达地区旅游社区居民的旅游受益机制的深入研究奠定基础。

三、旅游增权的研究述评

第一，定量研究少。国内外对旅游增权的研究主要采用质性研究，如田野调查法、比较分析法等，涉及了旅游增权的概念与内容、结构与路径、旅游增权的感知状况等多个角度，定量测度研究较少，且从数量上看，与国外相比，我国旅游增权研究起步晚，研究历程短，研究成果数量有限。第二，研究“本土化”和“情境化”不足。国内的理论研究过多地直接“套用”西方的理论框架，测量研究中也存在对国外研究成果的机械模仿，忽视中国本身的实际情况，这也是导致理论无法落地的一大原因，所以结论是否具有适用性有待考量。第三，忽略了不同旅游发展阶段及不同旅游类型地旅游增权的差异性。居民的需求是不同的，对增权的诉求也必然不同，需要考虑社区居民的异质性。第四，在有限的关系研究成果中，仅把旅游增权作为前因变量，并未深入讨论“谁对旅游增权有影响”“旅游增权又能达到怎样的效果”，因此，在未来的研究中如何不断深入，细化旅游增权研究，是值得我们思考的。

第三章　研究的理论基础

第一节 基本概念

一、旅游化

旅游化这一概念源于西方学术界关于旅游发展的影响的关注。1983 年，加拿大学者杨（Young）在研究旅游发展对乡村景观的影响时首次使用了旅游化（touristization）这一概念，他称自己创造出旅游化这一词语是为了表达“旅游发展的影响”。此后，比利时学者简森—弗贝克（Jansen - Verbeke）在探讨旅游活动对文化资源的影响时首次系统阐述了旅游化这一概念。与杨类似，她将各类事物在旅游活动的影响下而发生变化的过程称为旅游化。

由于旅游化这一概念并非英文中固有的词汇，而是学者们在研究过程中根据需要创造出来的，因此，国外学者对于旅游化英文词汇的使用也存在差异。从现有文献来看，学者们使用的词汇主要包括“touristization”“tourismification”和“touristification”等。一部分国外学者对这些词汇的使用是相通的，但也有些学者从词根上对两者的差别进行了界定，例如，简森—弗贝克认为 tourismification（旅游化）指的是“旅游系统不断增长的影响”，而 touristification（旅游者化）指的是“旅游者及其活动不断增长的影响”，两者是整体和部分的关系；与之类似，萨拉扎（Salazar）也认为 touristification 指的是由于旅游者的活动而造成的现象，而 tourismification 指的是那些“共同构成旅游的行动者（actors）和过程（processes）的集合所造成的现象”，而旅游者是其中重要的行动者之一。

二、权益

权益由权利与利益构成，而利益与每个人息息相关，是人们对生存和发展条件的维持和改善的有价值的存在。有学者认为利益就是好处，着重于对物质利益、经济利益的需求。德国哲学家爱尔维修比较看重物质利益的作用，认为物质利益对个人产生较大的影响。马克思主义也认同物质利益的地位，将其视为一个重要的研究范畴。现实中，利益既可以是对直接的、具体的满足人们的生活条件的追逐，也可以是存在于一定社会关系中，从事于一定社会交换活动而得到需求的满足。而权利本身体现的就是对利益的追求，合理、合法的利益也可能是潜在的权利。本书认为，权利是一种规定，是事前的制度，而利益是权利的结果，利益是事后的，而权力是实现由权利到利益的过程。

三、社区及旅游社区

德国社会学家 Tormies（1887）在《社区与社会》一书中多次提到社区一词，并以社区与社会两个概念区别表示人类共同体的两种不同生活表现方式，他定义的社区主要是基于血缘关系而结成的，社区内的人口具有共同的价值取向，关系密切，相互联系。而这种社区的定义基本上是对传统意义上的农村地区的一种描述。20世纪初，美国社会学家查尔斯·罗密斯将其英译为“community”，使社区的概念得到更广泛的传播，主要指生活、工作在一起的共同体。R. 帕克（1925）又将研究视野引入城市地区。在国外认同度比较高的定义有两个：第一，由 Hillery（1995）在对大量文献统计的基础上得出的概念，包括两个要素，一是社区内的人群具有共同性要素，二是人们在同一区域保持接触。第二，由美籍华裔杨方堃（1981）统计了 140 多个关于社区的定义后总结的社区的构成要素包括：人口、地域、共同联系和人机互动四个要素。社区一词经我国社会学家费孝通（1933）翻译传入国内，他认为的社区是具体的，人与人之间存在广泛联系的地区。前期的社区研究也多指乡村地区，后期的研究视角及内容差异较大。在我国社区通常包括乡村社区和城市社区两种，乡村社区一般指以从事农业活动为主的人口聚落，是经济文化等各方面发展水平相对较低的区域，社区内居民一般具有相似的价值观念，其社区治理或社会关系的构建主要依靠血缘关系和人情交际。城市社区一般是以非农业活动为主的人口居住地，经济社会文化水平也相对高一些，由于人员素质等各方面的差异，价值观的趋同性不及乡村社区，其社区治理主要靠法律，人情关系稍显淡薄。

关于旅游社区的定义目前仍没有统一的界定，一般存在两种观点：一种是将其作为一个管理办法、一种理念，而不强调其是作为实体的存在。最初提出的社区参与旅游也是将其作为一种管理办法引入旅游规划中。白露（2018）认为旅游社区不是一种空间形态，不是景区的附属品，而是社区居民本身作为一种主体，自觉地参与旅游发展的过程。另一种是将旅游与社区概念的融合，认为有旅游资源、旅游景区的地方，周边社区具有发展旅游业的可能性，因而称为旅游社区。孙诗靓和马波（2007）以旅游发展和社区形成的时序为依据，探讨其形成演化机制，从而间接阐述了其内涵。按照景区与社区的生成顺序将旅游社区分为两种类型，先有景区后有社区的称为旅游地社区化，也就是景区的存在实现了人口及生产要素的集聚，形成了社区。先有社区而后重视旅游发展的为社区旅游化，社区本就存在，只是因为旅游的发展增加了新的功能。

本书中认为的社区即指空间里的人们以居住方式而形成的集聚，以及包括因人口集聚而形成的各种关系。当然从旅游地理学或人文地理学来看，社区也等同于聚落，但选择社区一词，更体现于对权利的关注，即社区本身往往没有得到应有的权利。但随着社会进步，人类从贫穷走向富裕，从物质文明走向精神文明，社区权利一词渐渐得到了认可，聚落的权利意识得到了居民自身的认同，也受到了来自社会的广泛关注。

四、乡村度假旅游

乡村度假旅游被认为是乡村旅游发展的升级，是休闲背景时代下的一种旅游产品。舒象连（1996）较早提出过乡村度假休闲的概念：融合民俗文化、风土人情、田园观光、美食、体育、休闲度假为一体的旅游活动。而后续的研究中较为重视这类型旅游产品的开发，对其定义界定较少。但也有一些关于乡村度假旅游区的定义，多是基于对乡村旅游发展的认知，强调具备的乡村旅游发展的乡土性特点，以“规划师”的视角切入，重视度假产品的组合，重视配套设施的完备。周丽霞（2006）认为乡村度假旅游区需要具有一定游览规模及条件，并能够提供相关度假设施。蒋婷婷（2016）认为拥有美丽风光、具备旅游接待设施的位于乡村地区或城乡结合地带的村落可以是乡村旅游度假地。

五、社区参与旅游

社区参与在旅游领域的研究一方面源于规划方法的完善和进步，另一方面也来自旅游发展对目的地影响的深入认识。定义之初围绕规划展开，Murphy（1983）认为旅游业是社区产业的一种，并将社区居民视为旅游产业的有形产品及形象。Haywood（1988）提出的社区层面的旅游规划是指所有利益相关者共同参与旅游决策的过程。随着对旅游发展产生的影响的关注和重视，以及对社区居民态度感知的研究，社区参与旅游的概念也在不断完善，从规划领域延伸到旅游发展的各个环节。

刘伟华（2000）强调了居民对旅游发展的重要影响，认为旅游发展的主体应该是社区，社区及其居民应该参与到旅游发展的决策中。孙九霞、保继刚（2006）认为应将社区视为开发与参与的主体，在旅游发展决策开发、规划等过程中要充分考虑社区的意见和需要，以便保证在旅游可持续发展的前提下实现社区的全面发展。

总结起来，社区参与旅游的概念具有以下特点：一是体现在参与主体上，社区居民居于主体地位，为参与提供强有力的支撑；二是体现在参与内容上，社区居民对旅游发展的参与需要经历旅游发展的各个环节；三是体现在参与结果上，参与发展最终的目标是实现社区居民和旅游业的兼具可持续发展性。

第二节　理论基础

一、利益相关者理论

社区参与旅游不仅仅是社区居民自己的发展问题，也是处于一个大环境中的各个相关群体的发展问题，还涉及对社区以外的群体的地位以及在这些群体中的相对地位的考虑。

（一）理论研究

利益相关者理论源于企业管理和治理的需要，备受经济学和管理学的重视。斯坦福研究院研究员（1963）最先提出利益相关者的概念，而认可度比较高的是 Freemen（1984）提出的，任何能够影响或受到企业实现目标影响的个人或团体即利益相关者。此概念对利益相关者的范围界定比较宽泛，如政府、社区、社会组织等都在该范围内。此后很长时间内的概念界定围绕企业和利益相关者之间的相互关系展开。

该理论最具实用价值的部分就是利益相关者的确定以及分析。其主要方法包括两种：一种是多维细分法（Freemen，1984；Savage，1991；Clkson，1995；Wheller，1998），多维细分方式颇具学术研究价值，但在实际可操作性方面却有些不足。直到 20 世纪末 Mitchell 和 Wood（1997）提出以评分的方法来确定利益相关者，使利益相关者的分类极具可操作性，这才推动了利益相关者理论的发展与进步，也推动了实证方面的研究。

另一种方法是图解法（stakeholder mapping），其是一种比较简单易懂的利益相关者分析法，包括权力—利益矩阵、影响力—利益矩阵等。Mendelow（1991）提出的权力—利益矩阵描述了权力/影响力与利益/重要性之间的关系，实现对利益相关群体的划分，并用于对已经识别的利益相关者制订发展策略，在管理中确定优先顺序。

（二）利益相关者理论的旅游研究应用

利益相关者理论也被应用于旅游研究中，其管理理念也被引入旅游可持续发展的框架中，通过界定旅游相关利益群体，能够更好地实现管理，准确表达利益诉求，实现公平发展，最终达到可持续的目标。WTO（1999）在圣地亚哥通过的世界旅游新道德准则也强调了旅游业的相关利益者，并提出了相对应的责任和义务。

旅游利益相关者的确立是该理论的重要应用，围绕某一重要角色，如以旅游经营者、旅行社、社区（居民）、旅游规划师等为核心确立相关利益者。Zobson（1996）以旅游经营者为核心列出了与其相关的 12 个利益群体，又以地方政府旅游经营者为核心列出了 18 个利益相关群体。Sautter 和 Leisen（1999）以旅游规划师为核心划分了相关者利益图谱，涉及本地商业、社区居民、积极团体、游客、本地商业、竞争者、政府及从业人员等 8 个相关群体。Ryan（2002）分析了旅游经营者开发新的旅游目的地过程中涉及大约 12 类潜在利益相关者（当地吸引物、雇员、压力集团、当地游客、自然与城市、酒店住宿业、旅行社、游客、政府、旅社/营地组织、媒体组织、当地居民）。也有学者围绕某一类核心旅游资源，以生态旅游、乡村旅游等为核心划分利益相关者。宋瑞（2004）分析了生态旅游的相关利益主体，他认为政府的角色是调控者，社区居民是参与者和受益者，旅游企业是执行者，旅游者是实践者，非政府组织是协助者，学术界和相关媒体机构分别是指导者和督导者。王纯阳（2012）以村落遗产地为例分析了其旅游发展中的核心利益者、蛰伏利益者及边缘利益者。梁慧等（2018）探寻了国家公园的相关利益者。

关于旅游利益相关者的分析，Markwick（2000）曾将权力—利益矩阵用于高尔夫旅游研究中。唐晓云（2005）利用权力—影响力矩阵分析了农村社区生态旅游利益相关者及其战略定位，并且将社区及其居民置于主体地位。概括起来，就是识别旅游开发中的利益群体种类以及建立协商机制，规定“权利”，固化各权利者的“合法权益”。

二、旅游增权理论

（一）旅游增权

增权主要是借助外部力量来削减和改变无权的状态，从而增强个人能力及对权利的认识，以获取权力（Zimmeman，1990）。或是从一种无权的状态转化为对个人生活、命运和环境的相对控制状态的过程（Sadan，1997）。增权可能与个体、人际关系和社会变迁有关（Kieffer，1984），也可能是个体、组织和社区获得对自己事物掌控的一种机制的结果（Rappaport，1987）。

美国学者（Empowerment & Solomon，1976）从社会工作的角度首先提出了增权的理念，其初始目的在于通过给黑人群体增加权力以使他们摆脱无权感，摆脱不利的处境。增权理念在社会工作研究中得到广泛应用，这一概念的产生就是为了让处于边缘化的人摆脱无力和无声的状态，使弱势群体变得强大，有控制与自己相关事务的权利和能力。社会工作角度的增权强调的是个人权能的提升，旨在通过挖掘个体潜在能力来提升自身的权力和影响力。但由于弱势群体本身对资源占有及个体潜力挖掘存在一定障碍，所以需要借助外力来获得提升，也就是外部力量的推动。增权的核心在于个体内在能力的增强，重点是个体主动性的发挥，而外力的推动则是作为一种手段或工具。

旅游增权理论多认为社区及其居民处于弱势地位，需要通过增加权能来实现更好的发展。因此，增权聚焦于路径研究，国外学者比较重视信息增权和教育增权，认为只有保障信息的对称，有获取足够信息的资格，并有解读和理解信息的能力才能实现增权。国内学者又提出了制度性增权和自主性增权的路径。制度性增权是一种外在赋予权力的表现，通过政府机关权力的下放来实现管理目标。自主增权是社区及其居民发挥主动性和能动性的表现，主动自觉地参与旅游发展事物，后者可能更贴近社会工作领域增权研究的范畴。

其实，旅游增权不仅要依靠制度性增权这样的外部行政力量的推动，也需要依靠社会力量、非政府组织、旅游企业等利益相关群体的推动，更需要依靠居民自身力量的发挥。也就是说，旅游增权也可分为他增权与自增权（张彦，2012），他增权即外部力量对权力增加的总和，而自增权即居民主观能动性的发挥。社区居民是增权的主体，必须具备增权的意识，由内而外的增加权能，外部力量只能是辅助作用，没有自身增权意识的渗透，任何外力推动都无法发挥作用。

无论是哪种形式的增权，目的都在于使社区居民参与到旅游发展过程中，这也就涉及旅游增权与社区参与之间的关系问题。本书比较赞同从社区参与走向社区增权是过程的优化，而社区增权回归社区参与才是真正的目的这一观点（王会战，2015），旅游增权即对旅游社区参与的反思，即使是以一个全新的概念陈述，也离不开最终回归到社区参与的根本目的上。

此外，本书对“权”的一些概念关系做了解读。关于权，在纵向上存在权利、权力与权益的递进关系，而在横向上，存在各种类型的权力，每种权力都对应着相应的权益，但在很多情况下，一些权力的存在是不为人知的，如发展权问题，是在实践中慢慢被识别的。也即在发展的初期，可能不存在明晰被分开、被辨识出来的各种权利，它们经常是一个混合状态。因此，应从权利、权力与权益价值链上，思考旅游开发与经营中的社区参与问题，不能就权益而权益，应从理论深度上意识到治本的重要性，不能停留在指标水平上，即社区拥有参与旅游的权利，依照权利而给予权力，依照权力而获得权益。社区与生俱来地就应拥有参与旅游的权利、权力与权益。

（二）层级阶段性分析

所谓的阶段性特征实质上是说，就增权而言，是有顺序的，有侧重点的。从其层级特征来说，社会是由个体构成的，个体消除无权感才能对整个社会产生影响，才能推动社会的进步，个体层面的增权理应处于优先的位置。而每个个体又是存在于一定的社会关系中，人际关系网络也为个体提供了必要的社会资源和条件，个体层面难以获取的权力可能需要依靠人际关系网络来获取。每个人际关系版图就构成了整个社会的存在形态，构成了个体与群体之间、群体与群体之间的联系，社会层面的增权主要是集体利益的表达。这种层级性也体现了增权不是平面的，而是立体的，是层层深入的。左冰、保继刚（2008）就提出了增权应该聚焦于个人权能的增加，认为西方增权理论中的社区增权是个人增权的一种表现形式，并提出个人增权应该先于社区增权。

而就维度顺序而言，处于旅游发展初级阶段的社区，比较重视对经济利益的追逐，但又由于缺乏必要参与的心理准备，因而以经济增权和心理增权为重。处于快速发展阶段，社会环境等问题开始出现，比较侧重社会增权。而处于发展的成熟阶段时，居民的素质得到较大的提高，政府的角色也出现了适时转变，对政治增权的需求呼之欲出。其实，在旅游增权框架提出之时就默认了一般性的增权顺序，而这种顺序只是相对的，不代表每个阶段只能增进一个方面的权力，仅仅是侧重点不同。

依照前述对权的概念的解读，本书也给出了权益内涵的层级阶段划分，如权益、权力与权利的增长，并非一定要按照箭头所走过的路线，在整个坐标系中，都是增长曲线可以“行走”的范围，图中所画的箭头轨迹只是一种理想状况。但由于我国旅游发展的现状，因而不是完全自我自由增长的结果，很可能是主要地在沿着物质层面增长，甚至可以把整体权益放在首位，即先满足整体权益，个人权益可能放于之后满足。因而纵轴的内容需要颠倒过来，需要把集体利益摆在第一位，个人利益是被摆在后续阶段的。由此可以说，假如不动坐标系的话，途中整个纵轴上的任何一点都可以作为曲线起点的，而终点也不是确定的，至于起点与终点之间，可以连接成多种曲线，而并不一定就是直线。因此，应该从物质、制度与精神三个层面上逐步提高社区参与旅游发展水平。社区居民在物质及财富上的获得是第一步，也是重要的一步，在此基础上，还要赋予其制度上的权利，允许其参与决策，参与管理参与发展的过程。而对于精神权利的享有来说，居民应该要有投票权、话语权，要有主人翁身份。

三、社区发展权理论

（一）社区发展权

社区发展权是发展权的重要组成部分，建立在主体与客体发展权融合的基础上，以社区的形式享有各方面的发展权利的总和。就其实质来说是为了维护社区成员的权益，以发展利益为基点，以发展权利为核心，实现应有价值。社区发展与人的发展的相互促进，以社区发展促进人的全面发展，又以个人的发展促进整体的发展。

（二）与旅游的契合

社区发展权理论与社区参与旅游发展存在诸多相似特征：

就其逻辑思路而言，两者的逻辑起点具有一致性，均是出于保护社区及其成员权益的目的，致力于实现可持续发展。社区发展权理论立足于社区发展问题，尤其是农村社区，由对生存权的重视转归对发展权的关注，强调对农民发展权利的重视，并将农民视为利益生产和分配的主体。后者也是关注社区居民的发展权问题，将社区居民视为旅游可持续发展不可缺少的部分。

就其存在目的而言，两者都以保护权益为出发点。社区发展权理论与社区参与旅游均是为了发展社区居民的利益和维护其合法权利。

就其实现方式而言，内外兼顾，也具有一定的相似性。社区发展权理论认为，为实现权益的保护从内可以通过民主形式实现内部发展权，在外可以通过法律法规等形式的规定来实现外部发展权。后者则认为通过旅游增权来实现有效参与，从内可以发挥主观能动性，进行自主增权，从外可以进行制度增权。

就构成要素而言，外在构成要素具有交叉性，内在要素具有相似性。发展权理论认为其构成要素分为内外两部分：外在构成要素主要指主体、客体及社区，该理论认为发展权的主体具有个人与集体双重性质，同样也适用于旅游地社区中。该理论的客体主要是指以土地为核心的各种资源集合，而社区参与旅游的客体主要是指旅游吸引物以及围绕吸引物形成的一些客观存在。该理论的社区主要指农村社区，而后者主要指以实体存在的旅游社区。因此，就外在因素来讲，由于农村社区是旅游发展的重点区域，本身就具有一定的包含于被包含的关系，所以社区发展权理论与社区参与旅游发展的主体、客体及社区的范围均存在一定的交叉性。内在因素主要指政治、经济、文化等综合权利构成，而参与旅游发展的社区居民也理应拥有这部分综合权利。

基于上述分析可以将社区发展权理论应用于社区参与旅游的发展过程中，尤其乡村社区，或是具有乡村性质的集镇社区中。

第四章　中国省域旅游化水平的测度与困局解析

旅游化是旅游业与其他联动产业相互影响相互发展的过程，在旅游化的这一进程当中，当地经济由于旅游化及其上下游产业的联动发展得以提高，社会也因此而得到发展，从而促使旅游产业周边居民的福利水平与文化素质的增加，进一步带动当地经济的发展。正是旅游产业规模的不断扩张，实现地区经济效益、社会效益与人文素养的互相提高（何鑫，2015）。近年来，伴随着我国经济高速发展，居民生活水平的提高致使人们对高品质差异化的旅游需求旺盛，旅游规模的不断扩大，旅游的影响愈发显著（刘睿，2015），乡村旅游化正是在此基础上提出的，在乡村框架内提供旅游产品并定制旅游需求，带来乡村地区经济社会的不断发展。乡村旅游化的水平依托于宏观省域旅游化水平，因此本章将从宏观视角分析中国省域旅游化的水平与现状，为乡村旅游化发展的水平与成因进行宏观框架的构建。

第一节　中国省域旅游化水平的测度指标

一、省域旅游化的概念界定

从投入的角度来看，旅游化过程与生产过程类似，都必须投入相应的资本才能够使经济运行起来，与传统生产部门不同的是，旅游化过程中不但需要投入大量的物质资本，而且由于旅游特质决定了还需要投入文化资本、社会资本。参照布尔迪厄对资本的划分，我们将旅游化过程中投入的资本主要分为五类：第一，物质资本，即用于建设旅游过程中的固定资产投资；第二，人力资本，即用于旅游产业中的劳动力素质投入；第三，文化资本，由文化固定下来的人们的风俗、语言、习惯与生活方式等；第四，社会资本，即经济主体在整个经济活动中的联系与层级；第五，制度资本，一系列制度安排来使其他四种资本合法化。旅游化就是在地区旅游过程中这四种资本相互影响相互作用下的结果。

从产出的角度来看，旅游化过程应当是既定旅游要素投入下的收益最大化，这种收益既包括狭义上的经济收益，也包括广义上的社会、文化、环境等收益。早期对于旅游化的研究主要是基于旅游的经济收益，随着我国经济发展水平的不断提高，人们不但关心地区旅游化能够带来的经济收益，也注意到旅游化过程中引致的文化问题与社会问题。其中旅游化带来的收入分配效应是非常重要的问题。Blake（2008）研究了东非地区国家的地方经济和居民收入的影响，结果表明乡村社会发展旅游业并不能弥补农业生产带来的损失，表现为当农产品（茶叶）的价格下降20%而旅游业的平均价格上涨30%，依然不能使旅游业得到发展，反而是旅游产业退出乡村，而且同Blake（2008）一样，他发现旅游业的发展将带来乡村地区严重的收入分配差距，最贫穷的人收益较最富有的人的收益差距数十倍之多。Gatti（2013）研究了克罗地亚的入境旅游对于居民收入和消费的影响，发现随着入境旅游需求的增加，家庭收入也在增加，而且从全国基尼系数统计的指标来看，这种旅游发展能够减小收入分配的差距。Incera等（2015）以西班牙加利尼亚地区为研究对象，核算了旅游消费对于家庭收入以及政府税收的影响，然而相对于高收入家庭，低收入家庭从旅游化中获得的收益较小，从而加剧收入差距的扩大。

除了旅游化过程中带来的收入差距问题外，资源消耗与环境污染也是不容忽视的方面。因此，我们在评价地区旅游化的效应时，必须考虑其带来的负效应，因此我们使用可计算负产出的SBM模型核算地区旅游化的水平。利用图4.1，我们描述了评价旅游化过程的基本思路：乡村旅游化进程本质上是一个投入产出的过程，旅游化水平高的地区往往是那些同等投入条件下获得更高产出的地区，表明旅游业能够发挥其强关联作用带动上下游产业的发展并以集约化的经济过程实现旅游经济、社会与人文效益的提高。

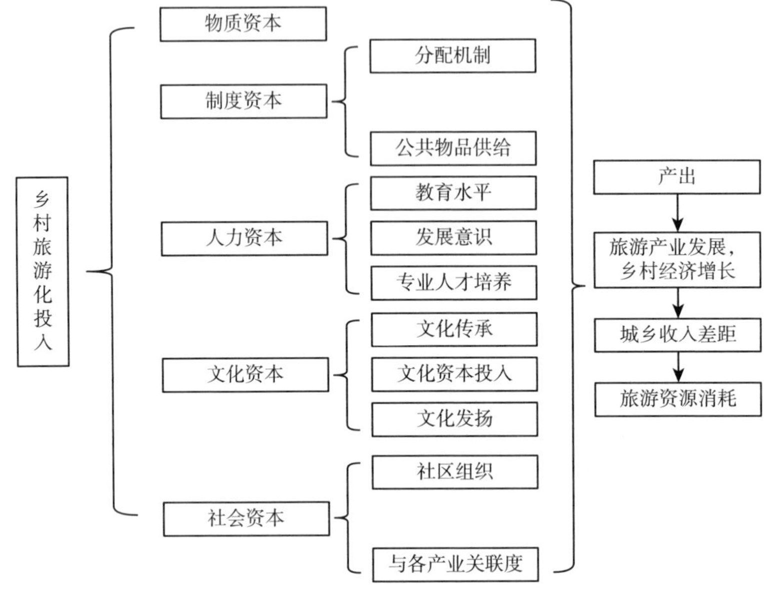

图 4.1　乡村旅游化评价的理论机理

二、旅游化水平的测度的文献综述

对地区旅游化水平的衡量，部分学者使用单一指标，如 Lee 和 Chang（2008）、赵磊（2011）、马兴超和马树才（2017）使用旅游总收入占地区 GDP 的比重进行衡量；Wei 和 Yang（2010）使用人均旅游收入以及 ICortés - Jiménez（2008）采用地区年度旅游总人次与地区总人口的比值进行衡量。单一指标能够衡量旅游化的经济影响，但不能衡量产业高度关联的旅游产业化的综合效应，旅游化的过程中地区的自然资源、劳动力结构的变化与产业结构变迁以及由此带来人文效应、社会效益都会发生巨大的变化，仅仅利用单一指标很有可能忽视了旅游化过程中其他效应评估，也不利于评价旅游化的内在变化与外在综合影响。在这种情形下，部分学者开始利用综合指标来测度地区旅游化的水平。其指标包括：反映旅游过程中的经济效益的总量指标（如地区旅游收入、旅游人次、旅游企业数或固定资产投资、营业收入）和反映旅游化过程的速度和程度指标（如旅游收入增加速度、旅游收入占 GDP 比重）、人文指标以及社会效益指标等（居民收入分配水平）等，采用多元回归的分析方法（因子分析方法、主成分分析方法、聚类分析方法），具体的分类如表 4.1 所示。

表 4.1　　　　中国旅游化水平的测度文献

序号	作者	评价方法	评价指标体系
1	杨建明（2009）	主成分分析法	利用旅游收入、游客规模、交通条件和旅游接待设施水平 4 个方面，构建了中国旅游业发展空间差异的综合评价模型
2	徐伟（2011）	主成分分析法	利用区域城市化水平、区域旅游可进入水平、区域旅游发展水平和区域生态环境等 4 类指标对四川省都江堰市 2001 年和 2006 年的区域旅游化水平分别进行了评价
3	钱磊（2012）	多元统计方法	利用国内旅游人数、国内旅游收入、入境旅游人数、旅游外汇收入、旅游业就业人数占社会总就业人数百分比等指标，构建中国旅游业发展水平评价指标体系
4	李瑶亭（2013）	主成分分析法	构建城市旅游经济贡献水平指标、城市旅游产业发展水平指标、城市旅游就业容量指标、城市旅游产业规模指标、城市旅游产业关联度指标、城市旅游产业投资水平指标、城市旅游产业接待规模指标和城市旅游资源禀赋指标等 8 类指标
5	张广海（2013）	主成分分析法	分别测算了 2000～2010 年我国沿海地区的 11 个省市区的旅游化水平和生态环境质量水平，并运用耦合度模型对两者的耦合度和耦合度协调指数进行了研究，发现我国沿海区域旅游化和生态环境系统尚处于拮抗期，即区域旅游化水平不断提升，需要大量的资金投入和资源开发，对生态环境造成的直接和间接影响日渐明显
6	王新越等（2014）	主成分分析法	从旅游产业规模、经济功能、社会功能、教育功能、文化功能、生态功能、组织功能等 7 个方面选取 37 个指标，以 2000 年和 2011 年为时间截面分析

续表

序号	作者	评价方法	评价指标体系
7	李敏等（2005）	因子分析方法	旅游企业经营相关指标对 2004 年我国各省旅游经济水平进行评价
8	徐颂，黄耀丽（2005）	因子分析方法	旅游收入、旅游消费、旅行社与旅游设施相关的 17 个指标评价了广东省各个地市 2003 年旅游经济发展水平
9	唐顺英等（2007）	因子分析方法	评价了山东省 2005 年 17 个市的旅游经济发展水平，运用聚类方法划分出 5 类旅游经济水平特征区
10	庞会敏（2009）	因子分析方法	对辽宁省 14 市的旅游经济进行评价
11	樊贵玲等（2009）	因子分析方法	对 2005 年我国各省旅游经济实力进行了评价
12	郭嘉（2010）	主成分分析方法	利用旅游企业固定资产、旅游企业营业收入、旅游企业税金、入境旅游者人数、国际旅游外汇收入、国内游客人数、国内旅游收入、星级饭店数量、旅行社数量、旅游业从业人员人数、旅游企业全员劳动生产率为指标，评价 2005 年我国 31 个省份的旅游经济发展水平
13	张广宇等（2009）	主成分分析方法	构建旅游收入、旅游人次、旅游总收入占 GDP 比重、接待游客总人次、星级饭店总数和客房数、旅游饭店经营利润、旅行社个数、国内旅游社个数、A 级景区数量、旅游车船总数、旅游从业人数和旅游管理部门 15 个指标
14	莫艳惜（2012）	主成分分析方法	从更微观的角度运用主成分分析方法评价浙江丽水市各县的旅游经济水平
15	王良举（2007）	主成分分析方法	选取旅游收入、旅游企业相关的 7 个指标运用主成分分析方法对 2004 年我国 31 个省份的旅游经济发展水平进行评价
16	孙文斐（2011）	TOPSIS 方法	利用旅游产业规模、旅游产业结构、旅游经济效益和旅游经济发展速度为框架的评价体系以研究山东省 2000～2008 年旅游经济发展水平

续表

序号	作者	评价方法	评价指标体系
17	王新越等（2014）	主成分分析方法	从产业规模、经济功能、社会功能、文化功能、教育功能、生态功能、组织功能等多个方面，按照科学性、系统性、层次性、可获取性和可测量性等原则，首先建立7个子系统、18类要素、35个基本变量的评价指标体系
18	向艺等（2014）	动态因子分析方法	经济活动的水平应该运用经济活动的投入、活动、产出三方面因素来测度，其指标由投入类、活动类、产出类综合构成。本文将旅游经济发展水平的测度界定为对旅游经济活动的投入、产出以及活动的数量规模的测度

三、省域旅游化指标体系

（一）构建原则

1. 科学性原则

科学性原则是构建城市旅游化评价指标体系的根本原则。遵循客观规律，在理论上站得住的同时考虑客观实际。城市旅游化评价指标体系的构建，要抓住旅游化实质，客观反映城市旅游功能的强度和城市旅游发展的水平。科学性原则同时要考虑体系的完整性和指标的代表性。

2. 全面性原则

现有城市旅游化发展水平的研究中，指标体系的构建多侧重于城市旅游化的经济功能，然而，城市旅游化不只从经济功能上反映出，以经济指标为主的城市旅游化指标体系构建所研究的旅游化发展水平是片面的，无法正确、全面反映城市旅游化发展水平，因此，在构建旅游化发展水平评价指标体系时，一定要坚持全面性原则，综合考虑旅游化发展的方方面面，以期更加客观、真实测算旅游化发展水平。

3. 层次性原则

层次性指指标体系的多重性。城市旅游化所涉及的内容包括多个维度、多个层次，构建多层次的指标体系可以使指标体系更加合理，研究的过程更加科学，研究结果更加准确。本书将城市旅游化指标体系构建为三层。第一层为目标层：城市旅游化指数；第二层为准则层，包括 4 个衡量准则；第三层为子准则层，包括 10 项衡量指标。

4. 可行性原则

构建指标体系的最终目的是进行实证研究，因此，在城市旅游化指标选取过程中，要根据城市旅游发展的特征进行选取。要有充分可信的信息来源保证，避免难以衡量的指标，绝对量指标和相对量指标相兼顾，便于更好地构建指标体系。

（二）指标体系

在综合国内外研究综述的基础上，结合旅游化理论的研究，归纳总结现有旅游化指标，借鉴前人观点，选取了城市旅游化指标。通过对国内旅游管理、人文地理学专业 20 位教授、博士的咨询后，剔除两项指标，对系统层名称进行修改，最终构建了城市旅游化指标体系。

系统层包括 4 个指数，分别为城市旅游接待指数，城市旅游供给指数、城市旅游经济指数、城市旅游产业指数。

指标层共有 10 个指标，分别是：

（1）游居比；关于旅游人数可以用旅游者人数和旅游者人次进行衡量，两者均能反映地区的旅游接待量，旅游者人次高于旅游人数，同一旅游者可以对同一旅游目的地进行多次游览，更好地反映旅游需求；旅游人次由国内旅游人次和国际旅游人次共同构成，两者均为测量旅游需求的重要指标，游居比将采用城市接待总人次与城市人口比值进行衡量，游居比越大，旅游规模越大，从需求的角度反映出城市旅游产业规模。

（2）人均旅游收入：旅游总收入包括国内旅游收入和国际旅游

收入，旅游总收入反映了在一定时期内旅游者旅游消费情况，从经济的角度衡量了对其的旅游需求。

（3）旅游接待能力：采用住宿设施总量与省内总人口比值来计算该指标，从旅游目的地的接待能力反映城市的旅游供给水平，其中由于历史数据可获性的原因，住宿设施总量将采用星级酒店的数据，星级酒店代表了该省的接待能力水平。住宿设施相对数量越大，其接待能力也好，旅游供给越好。

（4）旅游企业人均固定资产原值：旅游企业固定资产原值表示全省在一年时间内资本向旅游产业的投入，从经济的角度反映省内旅游企业发展状况以及全省的旅游供给状况，为减小投资总量对最后测算结果的影响，本指标采用旅游企业人均固定资产原值衡量，旅游企业人均固定资产原值越大，表示该省对旅游产业的投资规模越大，旅游供给发展好。

（5）旅游企业相对数量：旅游企业是旅游产业发展的基础，是旅游供给的主体。旅游企业主要指在注册的旅行社、旅游景区公司、星级酒店。本指标将采用旅游企业总数与全省人口的比值衡量。

（6）旅游经济贡献率：衡量旅游经济在全省中的地位，经济贡献率越高，该省旅游经济发展水平越高，本指标采用旅游总收入与GDP的比值来衡量。

（7）旅游经济增长率：本指标衡量全省旅游经济的发展速度。

（8）旅游产业集中度：产业集中度是用来衡量产业竞争性和垄断性的常用指标。旅游产业集中度反映出该省旅游产业在全省产业中的地位。

（9）旅游产业与第三产业关联度：衡量全省旅游产业链的活动强度，比值越大产业链强，旅游企业联系较多。

（10）旅游就业贡献率：表示该省旅游产业发展吸纳劳动力的能力，用旅游从业人员与从业人员比值衡量，比值越大，就业贡献率越高，吸纳劳动力的能力越强。

第二节　中国省域旅游化水平的评价

一、评价方法

旅游化水平应当是在既定的产业结构、劳动力素质、外部性、旅游效率的表现。这种旅游收入的增长表现在旅游资源能够高效地配置在合理的旅游环节，同时使负的外部性降至最小。因此我们采用修正的三阶段 DEA 模型来实现旅游化水平进行评价与分析，主要思路是：首先利用 SBM 模型测算出旅游环境技术效率；其次剔除环境和随机误差项对各种要素投入影响，使所有决策单元面临同一种管理水平和生产环境（相同的工业结构、国民素质和产品质量）；最后利用修正的要素投入量重新计算各地区旅游环境技术效率，从而实现旅游化水平在这几个维度方面的统一，即体现了真实的省域旅游化水平。具体测算过程如下：

第一阶段：SBM 模型。

借鉴传统的 SBM 模型，我们可以得到旅游外部性与旅游发展的协调统一，即既需要产出增加，又要保证污染最小化，方向距离函数能够进行这类测度：在既定的方向、技术水平与投入情况下，合意产出与非合意产出缩小距离的可能性大小。假定有 k 个决策单元（DUM），每个单元利用 n 项投入，合意产出为 y，非合意产出为 b，利用 Chung 等定义的 Malmquist - Luenberger 指数，将方向向量确定为 $g^t=(y^t, -b^t)$，即合意产出与非合意产出在同比例增减，生产者 $k'(y_k^t,x_k^t,b_k^t)$ 在参考既定的环境技术 $P^t(x^t)$ 下的方向环境产出函数为：

$$\underset{D_0}{\rightarrow}(y_{k'}^t,x_{k'}^t,b_{k'}^t;y_{k'}^t,-b_{k'}^t)=\max\beta \tag{4.1}$$

$$s.t.\ \sum_{k=1}^{K} z_k^t\, y_{k,m}^t \geqslant (1+\beta)\, y_{k',m}^t, m=1,\cdots,M \tag{4.2}$$

$$\sum_{k=1}^{K} z_k^t b_{k,j}^t = (1-\beta) b_{k',j}^t, j = 1, \cdots, J \tag{4.3}$$

$$\sum_{k=1}^{K} z_k^t x_{k,n}^t \leqslant x_{k',n}^t, n = 1, \cdots, N \tag{4.4}$$

第二阶段：投入调整。

在第一阶段中，利用 SBM 模型测度出考虑旅游发展具有外部性情况下旅游效率的大小。但第一阶段仅仅能分离出非合意产出，但却不能有效提出其他影响旅游效率的因素，因此第一阶段的测算不能代表旅游化的定义。故而在第二阶段需要参考 Fried（2002）建立 SFA 模型，分离出其他影响旅游效率的因素，重新计算出真实的投入值，使所有省份的旅游生产面临同等产业结构、同样的劳动力素质以及同样的文化因素，进而计算对应省份的旅游效率，才能满足本书旅游化水平的定义。需要说明的是，第二阶段仅是引用 SFA 的回归模型，并未满足成本函数的假设，因此在第二阶段测度中没有包含价格变量。

利用第一阶段 SBM 模型所得数据，得到第一阶段投入的松弛量，令第 k 家决策单元在第 n 个投入值为$x_{k,n}^t$，其差额即松弛量为$S_{k,n}^t$，则：

$$S_{k,n}^t = x_{k,n}^t - X_n^t \lambda_n^t \tag{4.5}$$

引用 Battese 和 Coelli 的随机前沿方法（SFA），环境变量与松弛量之间存在以下关系，即：

$$S_{k,n}^t = f_n(Z_k, \beta_n) + E_{nk} \tag{4.6}$$

$$E_{nk} = V_{nk} + U_{nk} \tag{4.7}$$

$f_n(Z_k,\ \beta_n)$ 是确定可行的松弛量前沿面，β_n为对应因变量为第 i 个投入松弛量时相应的环境变量待估参数向量，Z_k为环境变量，一般假设$f_n(Z_k,\ \beta_n)$ 满足线性关系$Z_k\beta_n$，$V_{nk}+U_{nk}$为复合误差项，其中，V_{nk}是第 k 个厂企业决策单元在第 n 个投入时生产过程的随机误差；U_{nk}是第 k 个企业决策单元在第 n 个投入时，其生产过程中管理无效率的非负随机变量，V_{nk}与U_{nk}独立不相关。

为调整投入，需要从 SFA 模型的复合误差项中把随机误差分离出来。根据 Jondrow 等（1982）的研究结论，利用 JLMS 方法，通过管理无效率的条件估计，可得V_{nk}的估计量：

$$\widehat{E}[V_{nk}|V_{nk}+U_{nk}]=S_{nk}-Z_k\widehat{\beta}_n-\widehat{E}[U_{nk}|V_{nk}+U_{nk}] \tag{4.8}$$

借鉴罗登跃（2012）对于$\widehat{E}[U_{nk}|V_{nk}+U_{nk}]$的重新估计式，应用 JLMS 方法推导出管理无效率的估计公式，可得U_{nk}的估计式：

$$\widehat{E}[U_{nk}|V_{nk}+U_{nk}]=\int_0^{\infty}(U|V+U)dU=\frac{E(X^{n+1})}{X^n} \tag{4.9}$$

其中 $X\sim N^+(\mu, \sigma^2)$，即满足 0 处截断的非负正态分布。

Fried 等（2002）建议采用投入量调整方法，即基于最有效率的决策单元，以其实际投入量为基准，对投入量进行调整，调整后的投入量X_{nk}^*即全部决策单位调整于相同环境之下的投入量：

$$X_{nk}^*=x_{nk}+[\max\{Z_k\widehat{\beta}_n\}-Z_k\widehat{\beta}_n]+[\max\{\widehat{U}_{nk}\}-\widehat{U}_{nk}]+[\max\{\widehat{V}_{nk}\}-\widehat{V}_{nk}] \tag{4.10}$$

第三阶段：修正后的 SBM 效率值。

利用第二阶段调整后的投入量X_{nk}^*代入第一阶段的 SBM 模型当中重新修正效率值，由于在第二阶段，将所有省份的生产状况协调至同一水平，此时测度出的工业效率值即本书定义的旅游化水平。

二、数据来源

本书以全国 30 个省区市（西藏除外）地区工业为基本的决策单元，利用 2001～2018 年的数据对全国 30 个省区市旅游化水平进行了评价，各主要数据来源于《中国统计年鉴》《中国旅游统计年鉴》《中国环境统计年鉴》以及《中国经济普查年鉴 2004》，各省区市旅游统计年鉴部分缺失数据采用插值法填补，确定投入变量。

（1）投入变量：借鉴以往研究，本书采用资本、劳动和能源作为投入变量。受限于统计资料以及永续盘存法估计资本存量的问题，资本存量选取第三产业实际固定资产净值作为资本存量的指标；劳动投入则采用各地区旅游从业人数；由于旅游业是资源消费的主要部门，所以采用各地区旅游景区数量、植被覆盖率等作为资源投入的指标。

（2）产出变量：合意产出指标主要采用各地区旅游业营业收入，而针对非合意产出，有学者采用旅游过程中不满意的比例（魏婕等，2015），而更多的学者则没有考虑旅游化过程中带来的非合意产出，我们定义为由乡村旅游化带来一系列宏观社会问题，其中最重要的是收入分配不均，所以我们构建城乡旅游消费差距（I）这一指标作为衡量由旅游化带来的城乡收入分配不均的问题，具体测算方法：

$$I = \frac{Urban_{it}}{Rural_{it}} \tag{4.11}$$

其中，$Urban_{it}$表示地区城市人均旅游消费，$Rural_{it}$表示农村地区人均旅游消费，显然这一比值越大，表明城乡收入差距越大，越不利于旅游化的发展。

（3）环境变量：

结合本书工业增长质量的定义，选择四种环境变量：

第一，旅游化的经济影响因素。地区旅游化水平与地区经济发展往往呈现出互相影响的关系，因此一个地区经济发展水平往往制约了地区旅游化的程度，尤其是现代科技高速发展，人们对旅游的消费已经从传统的资源观光型发展到了集多种视听娱乐效果下的享受型，在这种情况下，地区的经济发达程度直接决定了旅游的水平。因此我们选择地区年人均 GDP 作为衡量影响地区旅游化的经济因素。

第二，旅游化的文化影响因素。自然景观与人文景观是旅游化的两大重要支撑，传统对于旅游化的自然景观的测度较多，往往忽略了旅游化过程中地区文化投资对于旅游化的影响，尤其是在该地区缺乏自然景观作为旅游化支撑的情况下，文化因素就显得更为重要。而且随着经济的发展，人们对于文化因素的消费与自然景观的消费同样看重。因此，我们选择结构地区文化产业投资额与地区文化文物机构总支出占财政支出的比例这两项指标作为衡量影响地区旅游化的文化因素。

第三，旅游化的教育影响因素。旅游化的过程中不但考虑旅游化的规模，更重要的是考虑旅游化过程的质量，以人力资本为代表的教育因素在旅游化过程中起到了至关重要的作用，当劳动力素质较高时，旅游的发展更具有长远规划以及有序的特征。因此我们选择地区人力资本存量以及旅游专业毕业人数占总毕业人数的比例这两项指标衡量。本书利用教育年限法估算人力资本存量，通过各省区市工业人口占总人口的比重作为相应教育年限的权重并加总求和得到。小学、初中、高中、大专及以上的教育年限分别为 6 年、9 年、12 年、16 年。

第四，旅游化的社会影响因素，社会资本对于旅游业的发展也具有非常重要的作用。社会资本体现在该地区能够形成较强的社会关系网络组织劳动力以进行旅游业的规划与发展，从而形成较高的旅游化水平，因此我们选取互联网日均上网次数、地区科技支出占财政支出的比例衡量、经济开放度水平三个指标作为地区社会资本的主要指标。

变量描述性统计如表 4.2 所示。

表 4.2　　　　变量描述性统计

	变量名称	平均	标准差	最小值	最大值	观测数
正产出	旅游景区营业收入	203800	286467	3506.6	503300	420
	旅游景区门票收入	294601	71102.6	1725.4	268500	420
投入	服务业营业收入	2157.99	3473.861	35.59	22347.02	420
	旅游从业人数	441.7348	291.9626	40.51	1973.28	420
	旅行社总数	649.1905	436.85	43	2099	420
	第三产业固定资产净值	21709.01	19083.85	2006.575	107001.2	420
	旅游景区个数	172.169	112.2983	10	651	420
	旅游景区接待人数	81264032	76933407	2928138	4.05E+08	420
	地区人均 GDP	10004.15	10418.92	1263.15	128994.81	420

续表

	变量名称	平均	标准差	最小值	最大值	观测数
投入	地区文化产业投资额	16664.55	20831.11	10	174060	420
	地区文化文物机构总支出	2445318	1699025	436876	17102378	420
	地区旅游业人力资本	0.014465	0.00706	0.002776	0.035786	420
	地区对外开放度	0.479244	0.146601	0.238043	0.896066	420
	地区政府财政支出	3833.948	2029.695	212.7812	75476.00	420
	地区科技支出	367449.7	588576.7	3448	3449378	414
	地区互联网上网日均上网人次	97.75476	126.9227	1	653	420
非合意产出	城乡收入差距	0.345458	0.062248	0.210156	0.491613	420
	城镇居民人均旅游花费	995.3745	381.6269	404.4	2237.8	420
	农村居民人均旅游消费	315.9269	191.1629	95.44	896.84	420

三、旅游化水平测度

中国30个省区市旅游化水平如表4.3所示。

根据第二阶段结果调整投入变量，并将调整后的各省域投入值与原始产出再次代入SBM模型进行分析，得到第三阶段旅游业的SBM效率值，如表4.3所示。从平均水平来看，全国旅游化的水平始终保持在一个稳定的水平。分地区来看东部地区平均旅游化水平最高，为0.6984，西部地区与中部地区次之，分别为0.4056与0.4500，东北地区旅游化水平最低，为0.3337。从原因分析，东部地区不但有着得天独厚的自然景观，而且具有较强的经济发展水平，因此整体旅游化水平较高。中部和西部地区在近些年来的文化产业投资驱动下整体旅游化水平也有所提高。然而东北地区受制于污染高而效率低的重工业拖累，它们既没有丰富的景区资源，又没有雄厚的经济实力，造成了整体旅游化水平较低的局面。

表 4.3　　中国 30 个省区市旅游化水平

地区	省区市	2005 年	2006 年	2007 年	2008 年	2009 年	2010 年	2011 年	2012 年	2013 年	2014 年	2015 年	2016 年	2017 年	2018 年	均值
东部地区	北京	0.8421	0.8408	0.8403	0.8471	0.8481	0.8495	0.8542	0.8713	0.8825	0.8886	0.8947	0.9004	0.8892	0.9170	0.8690
	天津	0.9221	0.8527	0.8414	0.8590	0.8576	0.8829	0.8921	0.9063	0.9133	0.8720	0.8302	0.7783	0.7865	0.8034	0.8570
	河北	0.3750	0.3603	0.3381	0.3412	0.3440	0.3428	0.3111	0.3332	0.3246	0.3257	0.3325	0.3347	0.3345	0.3418	0.3385
	江苏	0.8309	0.7729	0.7382	0.6821	0.7165	0.7018	0.6929	0.6859	0.6918	0.7107	0.7366	0.7317	0.6829	0.6649	0.7171
	上海	0.9999	0.9623	0.9610	0.9790	0.9848	0.9685	0.9690	0.9749	0.9650	0.9445	0.9197	0.9245	0.9339	0.9592	0.9604
	浙江	0.7257	0.7283	0.7242	0.7263	0.7292	0.7321	0.7345	0.7527	0.7685	0.7746	0.7766	0.7857	0.7843	0.7968	0.7528
	福建	0.5160	0.5049	0.5063	0.4907	0.4625	0.4631	0.4864	0.4729	0.4688	0.4306	0.4234	0.4488	0.4655	0.4592	0.4714
	广东	0.9558	0.8876	0.9087	0.9144	0.9044	0.8662	0.8890	0.8882	0.8912	0.8945	0.8884	0.9064	0.8882	0.8721	0.8968
	山东	0.5727	0.5735	0.5769	0.5823	0.5902	0.5967	0.6061	0.6252	0.6432	0.6409	0.6214	0.6262	0.6475	0.6794	0.6130
	海南	0.5018	0.4639	0.4708	0.4891	0.4829	0.4916	0.4961	0.4990	0.5114	0.5110	0.5127	0.5427	0.5616	0.5696	0.5075
	平均值	0.7242	0.6947	0.6906	0.6911	0.6920	0.6895	0.6931	0.7010	0.7060	0.6993	0.6936	0.6979	0.6974	0.7063	0.6984
东北地区	黑龙江	0.2324	0.2179	0.2180	0.2213	0.2224	0.2220	0.2254	0.2254	0.2232	0.2300	0.2354	0.2460	0.2571	0.2642	0.2315
	吉林	0.5313	0.5144	0.5146	0.5184	0.5198	0.5193	0.5232	0.5232	0.5207	0.5285	0.5347	0.5466	0.5588	0.5665	0.5300
	辽宁	0.2206	0.2258	0.2099	0.2226	0.2345	0.2381	0.2327	0.2402	0.2391	0.2440	0.2516	0.2560	0.2680	0.2713	0.2396
	平均值	0.3281	0.3194	0.3142	0.3208	0.3256	0.3265	0.3271	0.3296	0.3277	0.3342	0.3406	0.3496	0.3613	0.3673	0.3337

续表

地区	省区市	2005 年	2006 年	2007 年	2008 年	2009 年	2010 年	2011 年	2012 年	2013 年	2014 年	2015 年	2016 年	2017 年	2018 年	均值
中部地区	安徽	0. 4345	0. 4382	0. 4191	0. 4198	0. 3920	0. 3563	0. 3543	0. 3607	0. 3690	0. 3725	0. 3726	0. 3739	0. 3536	0. 3186	0. 3811
	山西	0. 3699	0. 3522	0. 3387	0. 3339	0. 3257	0. 3118	0. 3154	0. 3201	0. 3296	0. 3404	0. 3514	0. 3503	0. 3578	0. 3694	0. 3405
	河南	0. 2023	0. 2039	0. 2159	0. 2344	0. 2435	0. 2484	0. 2567	0. 2714	0. 3229	0. 3142	0. 3126	0. 3039	0. 2946	0. 2940	0. 2656
	湖北	0. 5037	0. 5352	0. 5077	0. 5191	0. 5405	0. 5518	0. 5458	0. 5257	0. 5055	0. 4939	0. 4746	0. 4503	0. 4390	0. 4330	0. 5018
	湖南	0. 6477	0. 6341	0. 6452	0. 6743	0. 6545	0. 6953	0. 7541	0. 7831	0. 7801	0. 7872	0. 8064	0. 8407	0. 8652	0. 8879	0. 7468
	江西	0. 6980	0. 6784	0. 6535	0. 6568	0. 6597	0. 6525	0. 6310	0. 6434	0. 6614	0. 6517	0. 6742	0. 6673	0. 6482	0. 6513	0. 6591
	平均值	0. 4760	0. 4737	0. 4633	0. 4731	0. 4693	0. 4693	0. 4762	0. 4841	0. 4947	0. 4933	0. 4986	0. 4977	0. 4931	0. 4924	0. 4500
西部地区	重庆	0. 7553	0. 7424	0. 7530	0. 7302	0. 7357	0. 7350	0. 7325	0. 7456	0. 7606	0. 7761	0. 7873	0. 7943	0. 7969	0. 8089	0. 7610
	甘肃	0. 2328	0. 2185	0. 2061	0. 2184	0. 2058	0. 2170	0. 2018	0. 2049	0. 2298	0. 2416	0. 2312	0. 2390	0. 2394	0. 2443	0. 2236
	广西	0. 4641	0. 4477	0. 4377	0. 4372	0. 4395	0. 4461	0. 4540	0. 4580	0. 4619	0. 4567	0. 4491	0. 4530	0. 4508	0. 4436	0. 4500
	贵州	0. 2383	0. 2377	0. 2395	0. 2551	0. 2653	0. 2641	0. 2678	0. 2719	0. 2646	0. 2583	0. 2633	0. 2764	0. 2820	0. 2842	0. 2620
	内蒙古	0. 1790	0. 1853	0. 1752	0. 1892	0. 1940	0. 1992	0. 1884	0. 1932	0. 1984	0. 1954	0. 1979	0. 1962	0. 1987	0. 2097	0. 1928
	宁夏	0. 2894	0. 2894	0. 1877	0. 2894	0. 1580	0. 1595	0. 1556	0. 1584	0. 1376	0. 0978	0. 0926	0. 0865	0. 1611	0. 2456	0. 1792
	青海	0. 2803	0. 2893	0. 2977	0. 3169	0. 3231	0. 3244	0. 3415	0. 3638	0. 3817	0. 3939	0. 3856	0. 4137	0. 4053	0. 4223	0. 3528
	陕西	0. 5562	0. 4692	0. 4467	0. 4603	0. 4512	0. 4663	0. 4849	0. 5045	0. 5353	0. 5354	0. 5590	0. 6009	0. 6127	0. 6214	0. 5217
	四川	0. 6595	0. 6726	0. 6805	0. 6921	0. 6989	0. 7118	0. 6998	0. 6929	0. 6916	0. 7000	0. 7066	0. 7230	0. 7264	0. 7575	0. 7009
	新疆	0. 3547	0. 3386	0. 3164	0. 3063	0. 3184	0. 3275	0. 3265	0. 3317	0. 3741	0. 3763	0. 3833	0. 3885	0. 3945	0. 4101	0. 3534
	云南	0. 5306	0. 5441	0. 5600	0. 5720	0. 5577	0. 5091	0. 4676	0. 4383	0. 4162	0. 4070	0. 3893	0. 3782	0. 3660	0. 3668	0. 4645
	平均值	0. 4127	0. 4032	0. 3909	0. 4061	0. 3952	0. 3964	0. 3928	0. 3967	0. 4047	0. 4035	0. 4041	0. 4136	0. 4213	0. 4377	0. 4056
	全国	0. 5166	0. 5021	0. 4938	0. 5021	0. 4983	0. 4980	0. 4994	0. 5052	0. 5117	0. 5096	0. 5098	0. 5154	0. 5183	0. 5276	0. 5077

分省份来看，14 个省区市旅游化水平高于全国水平，这些地区一般都具有较为充沛的自然和人文景观，丰富的劳动力和较高的经济发展水平。其他省区市虽然低于全国水平，但可以看出，其旅游化水平有逐年增加的趋势，表明随着经济发展与其他旅游设施的不断完善，这些地区最终会达到高水平旅游化，并与其他省区市呈收敛趋势（见图 4.2）。

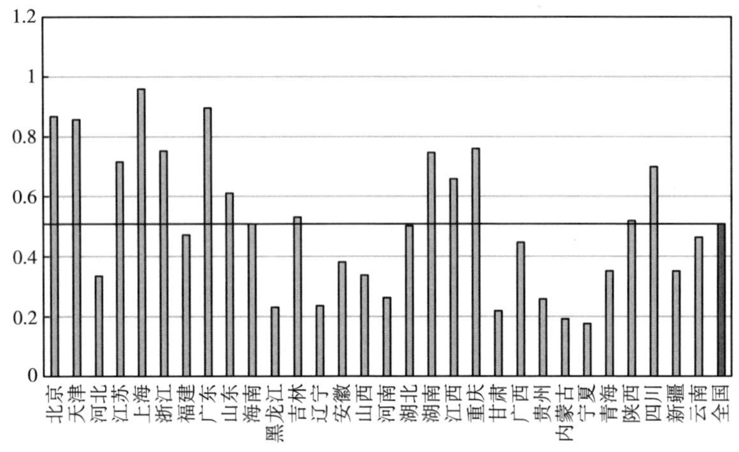

图 4.2　分省旅游化水平

第一阶段：旅游环境效率测度。

从第一阶段计算的 SBM 效率值情况来看，在未分离环境变量与随机因素的影响下，中国 30 个省区市旅游化的效率值距生产前沿面还有较大的提升空间。从近十年来的动态情况来看，除北京、广东、江苏、上海等地区位于前沿面上外，其整体呈下降趋势，表明各省区市旅游化水平在样本区间内未能显著提高。

第二阶段：松弛量调整。

表 4.4 报告了利用 SFA 环境变量对松弛量的回归。当回归系数为负时，表明随着环境变量的增加会减少松弛量的投入，由于松弛量实际是理想状态与实际状态投入的差值，这一系数为负恰好说明环境变量有利于减少投入变量的冗余或浪费，距离理想状态更近；而当回

归系数为正则相反，环境变量将会增加松弛量投入，导致投入变量冗余距离理想状态更远。从表 4.4 的估计结果来看：

表 4.4　　SFA 测算环境变量与松弛量回归结果

环境变量松弛量	实际固定资产净值	旅游从业人数	旅游景区数量
地区经济增长水平	-0.0315*** (0.0046)	-0.0057*** (0.0038)	0.0024*** (0.0006)
文物机构支出	0.0030 (0.0055)	-0.016*** (0.0054)	0.0017 (0.0006)
旅游人力资本	-0.3850** (0.1235)	-1.2740* (0.732)	-0.0428** (0.02436)
文化产业投资	-0.7808*** (0.1000)	-0.0753*** (0.0230)	-0.03768*** (0.0104)
对外开放度	-0.2270*** (0.0056)	-0.2245*** (0.1043)	-0.0011*** (0.0003)
科技投入	-0.9987*** (0.0044)	0.0107*** (0.0037)	-0.0001*** (0.0000)
旅游社会投入	-0.2291*** (0.0322)	-1.0002* (0.0689)	-0.0874*** (0.0313)
sigma - squared	0.1539 (0.0225)	0.1933*** (0.02679)	0.1539 (0.0225)
gamma	1.0000*** (0.0001)	0.6047*** (0.0004)	0.7841*** (0.0012)
loglikelihoodfunction	-133.8050	-212.7475	-185.20
LRtest	117.1884	134.68	126.56

注：*、**、*** 分别表示在 10%、5%、1% 显著性水平上显著。

地区经济增长水平对旅游业实际固定资产净值与从业人数的松弛量的回归系数均为负，表明随着地区经济增长，劳动力就业与旅游投资都会达到生产前沿面，促进当地旅游化水平。一个地区经济发展水平越高，越有可能进行更多的旅游固定资产投资和更多旅游从业人员投入，这些旅游化发展要素的不断提高能够为当地旅游化发展提供重要的要素支持。因此，旅游化的水平不仅仅是依托旅游业的发展，而是全域经济发展与全域产业的提高。

旅游人力资本与文化产业投资的影响对于所有松弛量的影响为负且通过显著性检验，说明目前劳动力素质的提高对旅游化的影响为正，良好的劳动力素质不但能够提高当地旅游业的游客体验，同时能够加快旅游业的更新换代与管理模式创新，进一步推动旅游业的发展，因此需要继续提高当地居民的受教育水平，为地区旅游业的发展培植良好的人力资本；文化产业投资同样对旅游化的影响为正，表明文化产业与旅游业的发展息息相关，在自然景观缺乏的情况下，更需要文化产业投资提高当地旅游化水平。

从社会资本来看，其系数对实际固定资产净值松弛量为负，对从业人员松弛量为正，说明当地旅游社会资本的增加能够有效推进旅游化达到高效率的前沿面，然而过多的社会资本也可能阻碍劳动力就业，从而使劳动力出现冗余。

第三节　中国省域乡村旅游化发展的困境

本章利用修正的三阶段 DEA 模型对中国地区旅游化水平进行测度，观察了我国地区旅游化的发展状况，从现实情况来看，中国城乡收入差距的扩大是阻碍旅游化的重要原因，从分析中我们可以发现中国乡村旅游化的困境。

一、旅游化的经济基础依然薄弱

相比城市而言，乡村地区经济发展缓慢，经济水平较低，居民生活质量普遍不高。从资源分布上来看，由于地域的限制，乡村地区的区域可利用的自然资源往往较少，不论是第一产业还是第二产业都存在较大缺陷，而在资源富集区域，由于缺少人力资本、技术等支持，即使面对丰富的自然资源，依然不能使地区较好地开发起来从而使乡村资源被闲置或被浪费，或者仅利用当地资源而未提升产业结构，从而陷入“资源诅咒”的困境之中，使乡村地区经济发展水平始终无法跟上来。此外，从地区经济结构来看，乡村地区往往以农业为基础，城乡二元结构依然存在，也导致经济发展水平不高，从而限制了旅游化的发展。

二、旅游化的文化基础差距较大

自然景观与人文景观是旅游化的两大重要支撑，传统对于旅游化的自然景观的测度较多，往往忽略了旅游化过程中地区文化投资对于旅游化的影响，尤其是在该地区缺乏自然景观作为旅游化支撑的情况下，文化因素就显得更为重要。而且随着经济的发展，人们对于文化因素的消费与自然景观的消费同样看中。因此，我们选择结构地区文化产业投资额与地区文化文物机构总支出占财政支出的比例这两项指标作为衡量影响地区旅游化的文化因素。

三、旅游化的教育水平有待提高

广大乡村地区由于经济贫困且农村人口众多，政府的财政无法支撑社区居民较高的人力资本投入，尽管我国政府在普及乡村基础教育方面做出了巨大努力，但与城市丰富的教育资源相比，仍显得九牛一毛。此外，由于城乡二元结构的存在，青壮年劳动力不得不外出务工，仅剩儿童与老人留守村中，限制了社区居民教育水平的提高和完全信息的获取，更没有参与发展旅游的战略眼光，从而无法维护自身的正当经济利益，也就没有能力在旅游经济活动中获得较高的收入，进一步限制了其参与乡村旅游的热情，缺乏对旅游活动的文化、经济与社会的正确认识，不利于旅游化的发展。

四、旅游化的社会网络联系不强

政治参与和社会网络对于居民实现旅游发展中的权利与利益至关重要，与发达国家不同的是，我国社区居民在乡村地区实现自己利益诉求一般只通过基层的村委会而非一些农民协会或农民合作组织，使这种自上而下的制度容易中断乡村居民的联系。此外，乡村社区居民的社会资本网络构建也非常贫乏，居民之间的联系仅仅依靠“串门”“打牌”“红白喜事”等活动，难以形成较大利益群体，基层组织建设缓慢，从而限制了他们合理合法地创造经济利益与保护自立利益的能力，乡村居民在政治参与和社会网络建设中处于弱势地位。由于社会资本处于缺失状态，乡村社区居民的社会保障也无法得到相应发展，在土地流转之后，这些乡村居民的社会保障就更加缺乏，降低了其生存发展的能力，影响旅游化发展的水平。

中国乡村旅游化
发展困局破解
Chapter 5

第五章　中国乡村旅游化的破解机制之Ⅰ：制度增权

在第三章中我们初步分析了影响乡村旅游化当中的主要因素。从本章开始，我们将逐一探析这些因素的形成原因及对乡村旅游化的影响机制，从而构架乡村旅游化的分析框架。在第四章中我们分析旅游化过程中的收益问题：城乡居民的福利分配，这既是旅游化的一个基本问题，也是乡村居民的福利之所在。然而现实的问题是，在旅游化的过程中，这些收益既包括经济收益，也包括社会地位、身体健康等社会收益，由于旅游化过程中存在正外部性和负外部性，乡村居民的收益不但无法保障，而且是最薄弱的一环。我们认为，这种收益分配不均来源于制度安排的缺失，乡村居民需要制度增权。

以外部性视角探寻乡村旅游开发过程中的利益分配失衡问题是一个较为新颖的视角，在此之前研究这一领域的问题一般基于管理学的利益分配理论或经济学的博弈论或制度变迁等理论，通过外部性视角来看待旅游化过程中的旅游主体们之间的利益博弈不但能反映乡村居民的经济收益失衡，也能够找寻其他利益失衡，尤其是在旅游开发中的外部经济行为与外部不经济都能造成旅游资源的无效利用或者过度开发，从而引起旅游资源收益分配中的福利损失。通过一系列的分析我们发现解决旅游外部性的问题，其更远在于现行制度安排上的缺失，尤其是旅游资源产权模糊和虚置、旅游资源具有准公共物品的特性及经营者对资源成本与损耗的忽略。弱化或内化旅游开发中的外部性，可尝试在国家干预、制度创新、产权改革、资源核算和价值评估等方面采取措施。

第一节　乡村旅游经济中的经济主体行为与利益的一般分析

利益关系实质上是一种对能够满足自身需要的稀缺的客观对象的占有关系，在由乡村旅游经济组成的经济体中包括经济主体之间的经济、政治、文化与社会四种利益关系。作为经济学基本的前提，自利行为要求人们在行动时一定先考虑自身的利益，因此对于利益的考量决定了人们行为、社会组织行动的一系列决策。放在乡村旅游经济活动当中，也是如此，在乡村旅游的经济交往中，必然会形成各个主体的利益交织与行为较量，利益相关者以其自身拥有的物质资源、制度资源、文化资源、人力资源、社会资源等获得收益，当这些组织获得的资源差异较大时，则会形成利益分配的不公平，从而影响乡村旅游过程中各经济主体的生存与可持续发展。因此，要想发展好乡村社区旅游，就必须权衡政府、社区居民与旅游开发企业之间的利益关系，以严格的契约关系引导其在旅游发展过程中寻求他们合理的利益要求，发现影响旅游业生存和发展的关键利益博弈并遵循“效率优先、兼顾公平”的分配方式，帮助那些在旅游发展环节中的弱势利益群体参与并分享旅游开发与旅游决策的收益，为此，就必须对各参与乡村旅游经济体的利益诉求与利益关系进行逐一分析。

一、政府

乡村旅游中的政府是提供公共资源、获得公共利益的机构，其为旅游社区资源的开发提供了各种公共服务保障，追求的利益一般为旅游经济增长、社区居民充分就业、旅游物价稳定以及旅游业的可持续发展。政府参与乡村旅游是由于乡村旅游的公共物品属性导致的“市场失灵”引起的，政府作为旅游利益博弈中的“天平”，协调着市场无法控制的外部性问题，促使乡村旅游资源得到最优配置并实现可持续发展，因此旅游市场也不是万能的，政府的职责就在于解决乡村旅游的“市场失灵”问题——包括解决乡村旅游资源“公地的悲剧”与旅游企业投资不足等问题。没有政府的乡村旅游既无法保证乡村旅游的总体收益，又无法保护乡村旅游中的稀缺资源。在乡村旅游开发的初期，政府主要依靠“对旅游目的地中的制度规则与行政指导”等方式参与旅游开发，政府参与在乡村旅游开发中占据了非常重要的一环，其所指定的政策与政策效果的优劣对于地区旅游发展的方向、地区利益分配的是否合理，是否能促进地区的经济发展具有决定作用。然而，虽然政府能够控制“市场失灵”带来的种种弊端，但政府本身也是一个特殊的“利益集团”，有着自己独特的利益目标函数，表现为部分官员的“绩效观”“对上负责观”“中国式的晋升激励”以及“寻租行为”等，从而可能在开发乡村旅游企业中为了片面追求地区经济发展或者个人“寻租”利益而漠视了弱势群体的利益——他们既没有旅游企业的大量投资带来地区旅游建设水平的提高，又没有雄厚的资本送予政府“租金”，从而在整个旅游开发的利益博弈链条当中成为最弱势的一环，这些诸如此类的政府由于不确定的目标函数导致的乡村旅游资源的过度开发与收益分配不公平等问题。

二、社区居民

乡村旅游中的社区居民是以同一地理单元为主要活动范围的具有同一血缘、信仰和社会阶层的农民，他们依靠农业及其相关产业的生产为主要谋生手段。因此，乡村旅游中的社区居民其利益要求通常体现在经济利益上，其经济利益主要来源于进入乡村旅游市场经济经济交易获得分配和依靠政府和企业的补偿获得收益分配。一方面，社区居民往往在未开发旅游之前生存环境都比较恶劣，受制于农业生产效率低下，他们的经济收益也不高。因此，追求更高的收益是其参与乡村旅游开发的最重要要求。如若旅游开发的收益能够满足其生产生活的需要，则他们对乡村旅游的开发将会持支持与欢迎的态度，反之则有可能抗议或者退出旅游开发，从而引发社会的不稳定。在合理的利益分配制度下，社区居民会通过提供旅游开发中的原材料与消费品，或以劳动力身份参与到旅游企业当中进行，或以拥有的特殊文化传承参与到旅游开发之中，或自己经营如农家乐、旅馆、手工等旅游相关企业当中获得经济报酬，实现提高收入水平和获得尊重。另一方面，与其他居民不同的是，乡村居民开发的是其生存的主要空间，因此，对于乡村旅游资源的环境保护、文化传承保护等更为迫切，因此他们需要以参与到旅游开发的决策当中，并通过对旅游规划的决策过程监督和保护旅游当中的物质资本、人力资本、文化资本与社会资本当中，他们不但关心经济收益是否显著提高，也关心自己生存的环境是否在变坏，是否危及了自己的身体健康与教育，是否改变了居民之间的社会网络等，从而在一定程度上实现了社会阶层的提高。因此，社区居民的利益要求主要为：提高经济收益，减少贫富差距，获得社会尊重，维持当地自然环境与风土人情以及获得相当的旅游发展信息并参与其中等。

三、旅游企业

乡村旅游中的旅游企业主要是指参与到旅游开发当中各个企业，包括以盈利为目的的景区、旅行社以及其他涉及旅游参与的上下游各个环节的企业。企业的利益指向非常明确，即获得最大化的旅游利润，他们通过投资开发旅游业当中的相关服务，从而获得收益，并在高效使用资源的情况下参与市场竞争获得生存。传统管理学认为，企业是一个追求利润最大化的“黑箱”，而社会的正外部性和负外部性都应当由政府进行管理和调节，这样的分工可以利于企业剥离不必要的社会负担成本，从而专心进行生产，为社会创造财富。然而现实的情况是，由于乡村旅游的“准公共物品”性质，使旅游企业在景区开发过程当中不可避免地会对当地自然景观、文化传统等施加过度影响，从而可能遏制了当地旅游的可持续发展。当企业成为经济学模型中的单一追求利己主义的生产者时，其对经济增长的贡献并没有因为剥离社会责任而显著增加，却因为抛却了传统的道德观念加剧了经济与社会、经济与环境、经济与法理的冲突。显然，这与整个社会所倡导的“五大发展理念”完全不符，当企业处于整个社会运行的系统当中时，需要企业不仅关心其经济利益的大小，而且要重视其他相关利益者如政府、社区居民的利益的实现，以及对整个生态环境的可持续发展利益的实现。同时，从企业自身情况来看，承担必要的社会责任项目并非完全是成本性的投入，由于企业竞争力的来源不仅源于成本—收益这一单一法则，而且企业的创新能力与企业价值都能够左右企业最终的竞争成败，而这些都显示在企业所承担的社会责任之中。当旅游企业能够承担大量社会责任时，会显示企业本身雄厚的实力、胸怀天下的人文主义精神和创新与包容的企业文化，不仅能够得到被补偿社区居民的信任，同时也能够创造一定的广告效应，间接提高了企业的品牌形象与竞争力。因此，一些在旅游开发中的企业已经开始承担了一定的社会责任，在现行法律法规基础上，在追求利润的过程中通过集约管理、技术创新实现企业的绿色环保行为与企业道德行为提高企业的知名度，进一步达到提高企业绩效的目的。所以旅游企业的利益要求一般为：追求高绩效下的利润最大化，提升企业形象。

四、政府、社区居民与旅游企业的利益博弈

至此，我们构建了一个乡村旅游经济利益的模型。如图 5.1 所示，在乡村旅游开发中，政府依靠国家权力行约束旅游企业的经济行为，旅游企业和社区居民按照市场经济的方式获得经济收益，即在市场经济活动中，资本获得投资收益，劳动获得工资，对于乡村旅游者来说，企业通过物质资本投资旅游资源获得投资收益，社区居民则通过付出劳动力以及其他文化资本获得收入，当然对于受教育不同的人力资本，社区居民获得的收益还应当有所不同。然而在这个实现利益的模型当中，社区居民与旅游企业的收益分配却因为旅游资源的外部性造成了“失灵”，因此，社区居民与旅游企业的社会资本参与到利

益分配当中，即谁拥有更多的政治参与干预能力，谁将获得利益分配上的话语权，从而有可能扭曲利益分配不均衡。这里的社会资本主要是指经济主体参与利益博弈的权利，它包括：（1）经济主体参与旅游开发的政治权利，即通过政治投票参与，对当地旅游产业发展的收入分配进行利益博弈；（2）经济主体参与旅游开发的经济权利，指通过一定的制度约束形成的收益分配博弈。在这些社会资本的当中，以企业和政府的社会资本居多，社区居民往往只能通过社区内部的亲缘网络关系实现其权利要求，从而处于利益分配的薄弱环节。然而，由于旅游开发所带来的负产出却全部由社区居民承担，他们与当地旅游资源实际上是一体的，他们作为“旅游吸引物总体中的一部分，既要在此过日常生活，又要作为文化传承下的社区展示的一部分”，但长久以来却被人们忽视，他们既像旅游的公地属性一样被开发者们盘剥了土地、旅游资源等资本收益，又像公地的悲剧一样承担了不属于其本身的后果——包括生活方式的被迫改变、传统文化的逐渐侵蚀，他们的得到的收益与承担的后果完全不对等，这是造成旅游开发

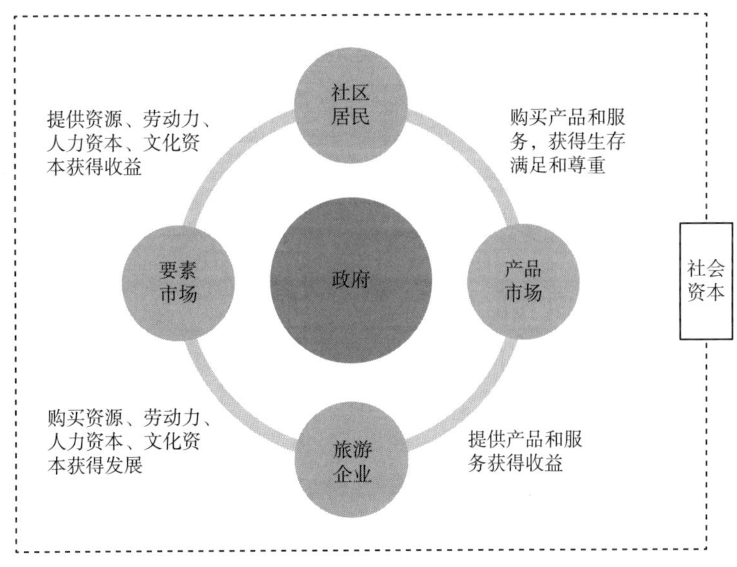

图 5.1 乡村旅游开发过程中的居民、企业与政府的利益关系

不能持续发展的重要原因，因此，在利益博弈的情形下，社区居民需要制度增权，为自身生存争取合理的利益分配。

第二节　乡村旅游经济的外部性视角下的收益分配困局

经济外部性是指市场经济主体的决策行为对他人及社会的决策及行为造成的非市场化的受益或者受损的情况。以外部性的视角看待旅游发展，其具有正外部性和负外部性。对于国家或政府来说，旅游业的发展一方面可以拉动旅游及其相关产业的发展，从而带动一个地区的经济繁荣；另一方面，旅游开发能够使游客感受到更多的人文或自然景观，从而提高了居民的整体福利水平。从宏观经济发展的角度来看，这属于旅游业发展的正外部性，然而从微观居民福利水平来看，随着旅游业的发展，城乡居民的收入差距与消费差距都在扩大，因此形成了乡村旅游的负外部性。

一、宏观上旅游收入增加与微观上乡村居民收入分配不均并存

图 5.2 与图 5.3 揭示了旅游发展与城乡居民收入分配差异的巨大矛盾。一方面，伴随着中国经济的快速发展，中国各地区旅游业的营业收入持续增加，表明中国劳动者已经开始进入“高水平旅游消费”时代；另一方面，城乡收入差距在不断扩大，从图 5.2 可以看出，虽然各地区城乡旅游消费从 1998 ~ 2018 年有普遍绝对消费额的增加，但消费差距在逐渐扩大，图 5.3 中伴随着较高的旅游景区营业收入而来的也是较大的城乡收入差距，乡村居民的生活状况依然不容乐观，2018 年城市旅游收入是农村旅游收入的 4.9 倍，而这一比例在 1998 年仅为 1.98 倍。这种宏观上旅游收入的增加并没有带来居民收入差

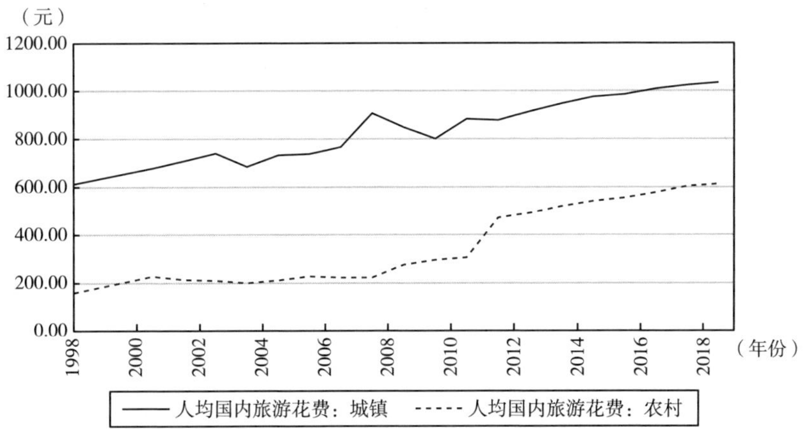

图 5.2　中国城乡旅游消费差距（1998～2018 年）

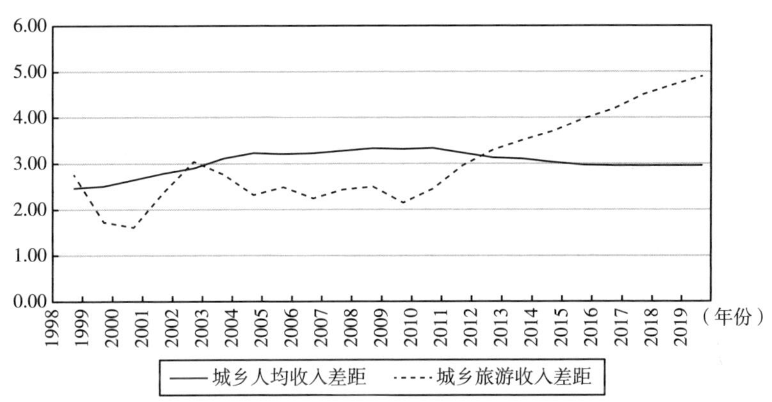

图 5.3　中国旅游收益与收入分配（1998～2018 年）

距的缩小，反而助力城乡居民收益分配扩大化。

发展乡村旅游是解决当下城乡收入分配困局的一个重要渠道，而乡村旅游由于乡村独特的自然与人文景观发展势头良好，乡村旅游由于具有较强的正外部性，对于乡村居民的收入仍有一定影响，具体来说：

第一，旅游资源收益。乡村旅游由于依靠当地景区和旅游企业经营，因此旅游品牌主要由其打造，收益也主要由其拥有，政府通过税收获得旅游收益，而社区居民则主要依靠劳动或经营获得收益。一旦乡村旅游发展形成规模、打造出自己的品牌，社区内部“搭便车”的行为就会出现，因为旅游品牌属于社区内部共有不具有排他性，但社区内部的经济主体对其使用也不具有竞争性，造成了旅游品牌成为一个纯公共物品，必然会因为权利主体的不清晰使乡村旅游内部的经营决策单位无限制过度使用而不去维护旅游品牌，造成乡村旅游品牌的同质化严重和乡村旅游品牌不能长久维持这一公地悲剧。然而在这一过程中由旅游品牌打造的收益几乎为企业和经营单位所有，而受损的是绝大多数社区居民，他们是乡村旅游品牌资源的一部分，却没有得到相应的报酬，反而承担了乡村品牌同质化经营和乡村旅游品牌低下带来的旅游收入的较大差距，从而形成了乡村旅游收入分配不均的现象。

第二，旅游土地收益。开展旅游活动必然涉及土地使用的问题，在乡村旅游中，土地开发的问题尤为重要。在中国，乡村旅游的开发也受到土地政策的影响，我国法律明确规定，农村集体用地涉及旅游开发时以土地流转这一方式最为常见，一般以农户或组织在土地上以入股、出租、转包等方式参与到农家乐开发、农业观光与休闲等旅游经营当中，从而获得部分土地收益。这种农村土地流转增加了原有农业用地的旅游功能与收益，但由于土地产权属于集体所有，造成了所有权缺位与模糊，使集体用地的滥用现象十分严重，从而导致了农村粮食产量下降与乡村生态与经济发展不和谐的现象，遏制了乡村地区旅游业的可持续发展。这些不经济的现象主要有：非法占有农用土地，非法买卖宅基地以及擅自改变土地的农用用途，导致了由于粮食耕种面积减少引起的农产品市场价格波动与由于擅自改变旅游规划引起的房地产企业的变向投资，压缩了乡村居民的增收空间，盘剥农民的土地收益。一部分拥有资本的农民可以利用现有资金参与到旅游企业的开发之中，经营农家乐、发展观光农业等，而只拥有文化传承技艺或者只拥有劳动力的乡村社区居民则只能遭受资本的盘剥，从而加大了城乡居民之间、社区居民之间收入分配的差异，导致旅游业的不可持续发展。

二、宏观上旅游生态文化破坏与微观上损失承受的不公平并存

乡村旅游资源是一种准公共物品，其具有准公共物品的特质。一方面，因为其旅游资源并不是由个人或组织私人拥有，导致没有其他使用者能够被排除，属于有较强的非排他性，因此，在乡村旅游中所有的使用者都会基于其权利尽可能掠夺这些公共资源，造成“公地的悲剧”。另一方面，由于其具有一定的非竞争性，随着游客数量的增加，旅游的边际成本将逐渐增加，而投资者却无法给这些旅游资源以更多的投资，造成乡村旅游资源存在“过度开发”与“基础设施”不足两大问题，导致宏观上乡村旅游造成的损害在微观上承担不公平的现象。

乡村旅游开发宏观上的外部不经济主要表现在：在乡村旅游的开发过程中肆意使用和践踏乡村的自然资源和人文环境，破坏了乡村的自然环境和人文环境。由于乡村旅游资源有限的“非竞争性”使政府和旅游企业在开发中蜂拥而上，造成了对乡村旅游的过度开发。

第一，乡村旅游资源的过度商业开发。由于政府与旅游企业利益的驱使，旅游经营者仅仅以房地产等项目盈利，以标准商业化的手段对乡村进行开发，用传统房地产手段打造统一特色的“旅游景区”，而并不去注重和维护当地的特色与文化内涵，从而造成很多乡村旅游景区的真实性和完整性不复存在。而这种千篇一律的旅游资源并不能够吸引当下高要求的旅游消费者，从而造成了乡村旅游之间差异化竞争较低，无法获得更高的收益；此外，由于在旅游开发的过程中涉及工业、建筑等高污染行业，造成乡村地区的“三废”污染以及噪音污染等，严重恶化了乡村自然环境。

第二，旅游消费的过度拥挤。乡村旅游的准公共物品决定了其不具有排他性，因而在旅游消费中必定存在“拥挤效应”。而这种“拥挤效应”带来的问题是消费者的旅游体验满意度较差，以及由于超

量拥挤对于乡村旅游生态环境的破坏。旅游资源都拥有适宜的容纳量才能够保证旅游者的良好体验与自然资源的持续生长，乡村旅游由于发展尚不完善，当超出其容量时会造成旅游者体验较差以及由此带来的与当地居民的冲突和因为过度消费乡村旅游资源造成的乡村资源不可持续的发展，表现为经济利益的下降和生态环境的破坏，而由于乡村居民土生土长于此，对于利益和环境风险的抵抗力都较差，容易引发社区居民与游客直接的矛盾与冲突。

第三，乡村文化的逐渐缺失。乡村旅游的一大特点就是其具有的“乡村性”的文化特质，从表面上看，乡村旅游是由一群具有乡村特色的自然景观和人文建筑所组成，但从内涵来看，其“乡村性”体现在很多传统的习俗与生活方式体验、语言与文化差异，代表着传承文化的技艺品以及乡村特有的民俗利益等精神和文化层面。乡村旅游因为有了与城市生活截然不同的文化精神，才吸引已经习惯工业时代生活的城市人向往这种古老神秘而自然的生活。但随着经济的发展与对乡村旅游开发，工业化的生产方式与现代经营管理方式渗入乡村旅游开发中，使乡村社区居民同外界有了越来越多的接触。大工业时代高效率的生产与生活方式逐渐侵蚀到乡村自给自足的经济体中，并由于经济规律的作用渗入乡村的思想文化当中，造成了乡村特色文化向工业化趋同；机器化大工业时代的商品代替了手工，古老的传承技艺因为低下的劳动生产率被淘汰，乡村的民俗民风向现代社会趋于一致，旅游资源在经济发展中消失殆尽，使乡村居民的文化利益受到严重损害，然而收益却不与其成正比。

第三节　乡村旅游外部性形成的原因

一、旅游资源的公共物品属性

外部不经济是导致“市场失灵”的一个重要原因，而产生外部性的原因则在于稀缺资源的产权缺失，正是由于乡村中的大部分旅游资源如景区、山林、土地等产权公有制造成的个人产权虚置与模糊成为乡村旅游发生外部性的重要原因之一。旅游资源的产权应当也是一种财产所有权，其所有人应当在其旅游资源上享受收益和处分的权利，然而由于乡村资源大部分为国家所有或集体所有，致使当所有人的占有权与使用权发生分离时，一部分所有人因为产权界定困难或者模糊造成了使用者对资源的过度开发与使用，侵蚀所有者收益。乡村旅游目的地中的一些旅游资源具有非常强的准公共物品性质，如当地著名的景区资源与特色文化资源等，它们一般具有独一无二的特殊性和非人工再造性，然而这些资源都没有办法很好地定义社区居民的产权，因此造成了社区居民收益分配的严重问题；此外，在乡村土地流转过程中，土地资源的产权为国家或集体所有，在这种情况下，往往由于所有者缺位出现了较严重的委托—代理问题，以至于资源虽为集体所有，但实则为少数人部分占有和使用，严重损害所有社区居民的权益，因为资源已经为集体所有，而资源使用者又仅对自己的雇主而非缺位的所有人负责，而造成了委托—代理风险。致使旅游资源使用者的边际收益与整个社区的边际收益、资源使用者的边际成本与整个社区的边际成本不一致，形成了乡村旅游的低效率开发和过度浪费的状态，影响社区居民的福利水平。

二、旅游资源的无价观

我国传统观念认为，旅游资源，尤其是山林、河流等资源是大自然的馈赠，本身不具有经济价值，民风民俗等文化资源看得见却摸不着，虽被视为无价之宝，但最后也变成了无法用经济价值来衡量的资源。在这种情况下，由于旅游资源在产权意义上的“无价”和在价格意义上的“低价”致使使用旅游资源成为一件在会计核算上可以忽略不计的低成本的经济活动，大多开发商也正是因为这些低成本因素进入旅游资源开发，从而忽视了对于乡村旅游资源的所有者——社区居民的权利界定与利益补偿。此外，乡村旅游资源成本也极少会纳入当地经济核算体系中，更加激发了政府“土地财政”的动力，旅游资源的成本也就成了一笔隐性成本。这种产权意义上的资源无价和价格意义上的低价会成为政府拉拢投资的国策“诱饵”，从而推进当地 GDP 的升高，为自己带来政绩，因此也会忽略受损居民的利益。受到鼓励的企业由于对利润的驱动往往会对旅游资源进行过度开发，它们既不需要把旅游资源的损耗计入会计成本，又不需要对当地乡村旅游社区中的失地居民负责。由于此时价格并不能真实反映乡村资源的实际供需状况，该旅游市场将会面临“价格失灵”的状态，负外部性就会产生。即使有部分企业出于社会责任会对旅游资源与社区居民进行补偿，然而对于资源价格的定义、核算以及评估及后续的征税制度都没有正式的法律法规，旅游开发者的过度开发造成的使用代价，与当地乡村居民承受的收益不公及承受污染相比，其付出的成本微不足道。这是造成旅游资源开发外部性与社区居民收益严重不公的另一重要根源。

三、旅游开发中的监管缺失问题

外部性导致的“市场失灵”必须进行政府干预，然而由于政府的利益目标与普通乡村社区居民的目标并不一致，造成了当旅游开发存在正外部性时政府投资不足，而在负外部性时又缺乏监管。旅游开发经营者则以获得利润为主要目标，造成了他们忽视企业应当履行保护环境、文化传统以及局部福利的社会责任，致使乡村旅游经济开发与社区居民利益的冲突演变升级，这些需要政府干预的情况因为管理“真空”和管理“越位”的局面并存造成了在乡村旅游开发过程中管理部门职责的混乱，加剧了价格的扭曲机制。在需要政府进行公共投资时，政府往往因为财政不足造成缺失，而在需要政府治理负外部性时又因为管理者以个人利益为主要目标，罔顾旅游开发中社区居民的利益，从而增加了社会成本。

第四节 乡村旅游社区居民制度增权之路

本章从乡村旅游资源的外部性视角，结合乡村社区旅游开发各利益主义的目标与权利，探寻乡村旅游开发过程中的利益分配失衡问题，通过一系列的分析我们发现解决旅游外部性的问题，其根源在于现行制度安排上的缺失，尤其是旅游资源产权模糊和虚置、旅游资源具有准公共物品的特性及经营者对资源成本与损耗的忽略。弱化或内化旅游开发中的外部性，可尝试在国家干预、制度创新、产权改革、资源核算和价值评估等方面采取措施。

旅游开发中的利益分配既是经济体进行旅游活动的主要目的，也是制约乡村旅游能否和谐与可持续发展的重要因素。良好的利益分配格局有利于平衡经济主体的各方力量并形成促进旅游发展的良性循环，反之则有可能因为利益矛盾而陷于旅游开发与危险的境地。这些经济主体主要包括政府、旅游开发企业、经营企业与当地社区居民，其拥有相同的旅游自然资源，却得到了截然不同的收益分配，加之旅游资源本身的外部性更使他们承担了截然不同的危害，因此，解决乡村旅游中的收益分配矛盾既关键又迫切，任何一方的激励机制没有处理好，都会影响整个区域的协调发展。乡村旅游公共物品的属性决定了社区居民在取得利益时必须依靠相应制度补充，因此根据前面的推论，解决乡村旅游社区居民收益分配问题的制度增权路径有：产权清晰、税收补偿以及创新合作模式。

一、以明晰产权确保收益

从经济学意义的产权概念出发，乡村旅游社区层面的旅游资源产权制度可以看作是，不同利益相关者所拥有的针对于特定乡村旅游资源的各种权利的安排。政府、旅游企业和社区居民是产权制度安排的需求主体，经营权是乡村旅游资源产权制度安排的焦点。财产权利是使一个人或其他人受益或受损的权利，财产权利的明晰有利于在不同的所有者发生利益关系时确定其收益的依据。从乡村旅游资源来说，我国法律明确规定“有实物形态的风景名胜资源中的自然资源属于国家所有或集体所有，文物资源中的大部分也属于国家或集体所有，有小部分属于个人所有”。全体国民由国务院代表行使国有资源的所有权、农村集体由村委会或集体组织代表形式集体资源的所有权，然后由政府相关下级部门或代理机构被委托代理行使旅游资源的占有和使用权利。因此，产权中的收益权利将会变得复杂起来，并且由于旅游业的迅猛发展，资源价值得以显现，由于其价格的上升，势必会引起各种利益相关者纷纷通过各种方式极力争夺旅游资源的使用的权利，因而必须对乡村旅游中的资源产权进行制度安排，从而保证各方收益。以旅游资源入股进行股份合作制度是现行比较好的制度安排，产权主体可以界定为四个：地方政府产权、开发商产权、村集体产权、农户个人产权。在乡村旅游开发过程中，可以采取地方政府或开发商与集体经济组织或农户个人合作，将生产要素的投入（旅游资源、文化资本、劳动力、土地、资金、技术等）转化为股份，实行按景区资源分红和按股份分红相结合。对于旅游开发的管理，该模式与一般股份合作制管理模式无异，所有股东拥有民主决策和参与管理的权利，并坚持“利益共享、风险共担以及多投多得”的现代法人企业治理制度。

二、以资源税构建利益补偿

明晰产权和税收手段是处理外部性的两大基本方法，因此除了资源股份合作制度以外，以征收资源税的方式重新平衡旅游开发企业与社区居民的利益，建立科学合理的资源开发补偿机制。通过确定旅游资源的核算方式、确定征收旅游资源税的税率与税基以及税收的专项补偿用途等，达到对乡村旅游资源的合理使用，保障乡村社区居民发展中的公平。例如，为了对社区居民进行利益补偿，可通过对使用旅游资源的开发者征收税费，专门补偿那些因为失去土地资源的社区居民；为了支持社区居民的优势项目，可建立旅游发展基金，用以扶持那些由于资金缺乏的优质旅游项目。通过这些税收补偿政策的实施，提高乡村居民的发展能力，并协调各利益主体之间围绕乡村旅游开发过程中互相掣肘的矛盾。此外，在旅游资源中，还应当确保完善耕地保护补偿机制，维护社区居民收益。通过建立一定的制度，开拓专门的耕地保护基金的资金来源。例如，约束新增建设用地土地有偿使用费的使用范围，引导其用于“耕保基金”的同时，引导部分农地流转产生的经济收入用于农村经济的发展、农业效益的改善和农民收入的改善中。

三、以创新合作模式增强利益分配

旅游开发同时具有正外部性和负外部性，但旅游社区内各经济主体承担这些外部性的大小却不尽相同，表现为各经济主体的利益分配不均衡与受损的不均衡，因此，在乡村旅游开发中，仅仅依靠资源股份合作和税收补偿去协调各经济利益主体的矛盾显然并不是一个长久之计，在极端的情况下，特别贫困的社区居民会因为有政府和企业的补偿而产生道德风险与逆向选择，造成地区经济发展的负面效应。解决这一现象的另一种办法就是提高社区居民参与旅游发展的能力，通过诚实劳动与合法经营，以人力资本、文化资本、社会资本等获得收益，促进乡村地区的经济发展。一方面，优质的旅游企业应当通过在职培训、业内辅导等方式督促社区居民提升自身的人力资本，并通过旅游产业的上下游联动服务带动当地服务业的发展，最大限度地吸纳当地剩余的劳动力，促进他们的转化，提高他们获得人力资本、文化资本与社会资本参与收益分配的能力；另一方面，由于自然资源与文化资源是乡村旅游发展的根基和载体，在乡村旅游的发展过程中，必然涉及资本的使用，因此通过创新自然资源和文化有偿使用模式的创新，可以较好地推动乡村旅游实现规模经济，吸纳农村剩余劳动力，推进农业产业化进程，其包括：（1）以自然资源和文化资源入股分成模式，即社区居民以土地、文化等资源入股分红的形式参与乡村旅游的开发，实行按土地分红和按股分红相结合。（2）以自然资源和文化资源租赁模式，它由当地政府作为农户或者村集体的代言人，依托政府的信息资源优势寻找合适的企业来进行旅游资源的开发和经营。该模式坚持“持久公平”原则，农户除了可以获取土地租金收入外，还可以在旅游区内进行劳动获得工资收入；村集体负责协调农户与企业之间的关系，并对企业经营活动进行监督；政府部门则通过对旅游公司的监督管理来保护当地的旅游资源和环境。（3）资源代理模式。即拥有资源优势的地区，通过委托的方式让拥有资金、技术、人才及管理优势的企业来代理自然资源与文化资源的经营和运作。村民不用出钱就可以实现收入的增加，企业也可以实现自身的发展壮大。在委托代理模式下，企业并不出资购买土地，而是在村民的土地上建房，部分房源给村民自住并用来经营农家乐，其余部分用作客房。企业的运营需要招聘了解本地文化的员工，农家乐的成功则需要企业加大对本地区旅游资源的宣传推广，同时，农家乐的特色运营也可以为企业带来稳定充足的客源，两者之间形成良好的互利共赢模式。乡村旅游中的委托代理模式由于双方拥有共同的目标，即旅游区充足的客源，两者之间是互相促进发展的，因此，较好地解决了委托人及代理人由于信息不对称而出现的道德风险和逆向选择问题，从而较好地推动乡村旅游的健康发展。

四、自上而下进行制度变迁

针对社区集体土地产权不完整而导致的权力缺失状况，国家应在法律和制度层面上改革我国现有的集体土地所有权制度，明晰土地所有权主体资格，明确各种旅游资源的使用权、收益权及处分权，赋予社区对于土地在法律上和实际上的处分权，消除由于处分权缺失而形成的地方政府代理集体行使处分权的“委托—代理”制度，使土地所有权得到真正的回归。一些国家由于土地为私人所有，因此不存在无法获得附着在土地上的旅游吸引物所带来的收益的情况。但我国土地归集体所有，且现行法律并未对旅游吸引物权做出明确规定，因此社区所提出的“旅游吸引物所获收益归社区所有”的主张得不到重视。从法律上来看，吸引物权表达的是对物的利用，应属于土地产权中的“他物权”。因此，作为设定在土地所有权上的吸引物权，也应随着土地所有制的改革而不断发展和完善。在当前社区参与旅游发展之中，应在旅游法或更高法律层次上为吸引物权订立条款，对旅游吸引物的归属权、处置权以及所获收益的索取权在法律上予以明确规定。由于“集体”或“全体”在法律上具有确定性而事实上存在模糊性，其既不属于自然人，也不属于法人。在此情况下，各级地方政府在增权实施过程中会对“受体”的对象根据需要进行解释，这已成为制度性增权在实际操作中面临的最大障碍。本书认为，为了保证集体所有权的实现，保证“集体”或“全体”真正拥有所有权主体地位，就必须对目的地社区集体进行法人化处理，使集体所有权得到认可。

第六章　中国乡村旅游化的破解机制之Ⅱ：文化增权

伴随着工业化进程的不断加快，人们的生活方式越来越现代化、快速化，在这种情境下，旅游者对于中国乡村传统文化因素的追求就显得更为突出，尤其是在城市化、工业化快速发展的背景下，对于传统习俗、文化、技艺等的需求和观赏更是城市人群旅游消费的重点领域之一。然而，从当前乡村旅游发展情况来看，一方面乡村文化旅游业的发展为乡村居民带来巨大的经济利益；另一方面也冲击着乡村本土固有的特色文化意识形态，在一定程度上对于维护和传承乡村本土文化产生了不利的冲击，进一步导致乡村居民在发展特色旅游与保持传统文化的两难选择中“痛苦挣扎”。为应对乡村旅游发展过程中的这一困境，乡村居民有必要通过文化增权的方式，寻求乡村旅游发展的新途径。本章正是基于对我国乡村文化因素的分析，考察文化增权对乡村旅游困局的影响，并提出相应的政策路径。

第一节　乡村居民文化增权影响旅游发展的理论框架

居民是乡村特色文化的载体，是文化意识形态的传承者和继承人，而乡村居民对自身特色文化的感知和认同是有效保护和传承当地特色文化的前提。而居民文化增权的目的就是通过乡村居民对文化的感知，提升对自身文化意识形态的认同，为丰富地区文化资源创造条件，从而形成旅游开发的前期基础。由于文化要素是构成旅游开发和旅游业发展的基础性因素（张朝枝等，2010），有的学者甚至认为“文化式旅游的灵魂”（章采烈，1994），强调文化因素在旅游业发展中的重要性，所以乡村旅游作为我国旅游业发展的重要组成部分，更需要乡村居民通过文化增权，构建乡村旅游开发的前期基础，为旅游业的良性发展提供条件。具体来讲，乡村居民文化增权主要在以下几个方面对旅游发展产生积极的影响。

一、乡村社区居民文化增权的基本内容

乡村居民增权的目的在于增加乡村居民在旅游资源开发和管理过程中的权利，从而为享受更多收益提供条件。而文化增权更多的是通过提高乡村居民的文化资源禀赋，提高乡村居民在旅游资源开发和管理过程中的谈判能力，从而更好地维护乡村居民的合法权益，并保障合法权益不会受到其他市场主体的非法侵害。而从文化增权的本质内容来看，其在一定程度上提高乡村居民的文化资本水平，对于文化资本而言，国内外学者如 Bourdieu（1986）、Throsby（1999）、高波和张志鹏（2004）、王云等（2013）等认为，文化资本主要是三种形态，分别为：一是市场主体的文化意识形态，如市场主体的习惯、信仰、生活方式等；二是文化要素的客观形态，如语言文字、文化古迹、文物、图书、音乐等；三是体制化的文化形态，主要是市场主体通过教育、培训而获得的相关能力。基于上述三个方面，可以看出文化增权的内容主要集中在以下三个方面。

第一，鼓励乡村居民传统特色生产、生活方式的传承。当前以传统生产、生活方式为特色的乡村旅游模式是多种多样的，既有以发展农村生活体验为特色的民宿旅游，也有以观光体验为特色的农业观光旅游，还有以乡村饮食为特色的“农家乐”旅游，无论以上述哪种形式呈现的旅游发展模式，前提都是需要特定区域的乡村居民必须保持原有的农业生产、生活方式，尤其是要突出当地个性化的文化意识形态内容，为形成有效的旅游资源，需要加快乡村居民传承传统文化习俗、生活方式的强度，调动居民学习、崇尚传统生活方式以及饮食习惯等方面的热情和积极性，保持传统的饮食风俗习惯，从而有别于其他地区和城市的生活方式，形成具有地方特色和个性化的农业生产方式，例如，通过乡村居民之间和代际之间的学习和传承，使农家观光庄园的种植技术得以保持，又如陕南汉中部分乡村的油菜花观光旅

游，也可以使特定乡村的特色小吃制作工艺和方法的传承，如《舌尖上的中国》中介绍的不同地方特色小吃。除此之外，可以激励乡村居民在当代城市化以及信息化发展背景下，保持具有传统特色的生活方式，通过体验特色生活方式形成具有规模效应的乡村个性化旅游服务特色，如具有鲜明民族特色的少数民族聚集区、北方草原上的游牧生活方式、南方江南农村的田园生活方式，最终均为当地乡村旅游资源的形成创造条件，促进了当地乡村旅游业的发展。

第二，强化乡村居民有形文化产品的保护、传承和供给。语言文字可以说是一个民族的“灵魂”，是区别于其他民族的最重要标识，而我国作为一个多民族国家，多数少数民族仍广泛分布在偏远乡村地区，许多地方少数民族的传统语言文字在现代经济发展的冲击下，正面临着严峻挑战，尤其是使用人数较少的民族，这些语言使用人数甚至不足 10 人，随着这些语言文字的消失，将会进一步削弱民族“根文化”在该民族的影响力，不仅抑制了相应地区旅游资源的形成，关键是可能影响该民族及其民族精神的存续。因此，在旅游文化增权方面，必须将保护乡村语言文字作为重要内容之一。同时，还必须增加相应文化产品的供给，如向居民提供相应的语言文化书籍，帮助特定的居民群体学习自身语言文化，并保护当地历史文化古迹，尤其是加强乡村地区古迹、建筑、文物的保护力度，通过了解乡村自身特定的语言、文化历史，提升相应民族和乡村居民的“文化自信”，为特色民族和乡村文化传承创造群众基础。

第三，提高乡村居民文化方面的受教育水平。居民文化资本水平的高低在很大程度上决定于乡村居民的受教育水平，围绕旅游资源培育而展开的文化教育，不仅是乡村居民文化增权的重要内容，而且在促进乡村旅游业平稳发展过程中发挥着重要支撑作用。一方面，通过乡村居民的基础教育，帮助当地居民学习并巩固特色文化、语言以及个性化的生产工艺，不仅有助于乡村特色文化和旅游资源在中青年以及青少年群体中的传播和继承，也能够有效推进乡村旅游资源的规模化形成，如陕西岐山擀面皮、臊子面等特色小吃，陕西武功土织布、锅盔馍等小吃，这些特色饮食和手工工艺为吸引外地游客品尝当地特色提供了重要条件；另一方面，除了基础教育之外，还需要提高乡村居民专业技能教育水平，如以庄园观光旅游为特色的乡村旅游资源，需要对当地居民进行相关农作物种植方面的专业技能培训，以农业部公布的“一村一品”示范村镇为例，它们中的多数乡村分别通过与当地农业科研院所合作，邀请专业人员对当地农业从业人员进行专业技能培训，在已有农业生产规模基础上，进一步开展农家庄园经营模式，在帮助当地居民获得农产品交易收益的同时，也通过庄园观光旅游增加了农业收入。相对而言，以古迹建筑等为特色旅游资源，则需要选拔一些具有威望和才能的乡村居民，对他们进行专业的经营管理培训，帮助当地居民更好地管理相应文化资源，最终使以古迹、文物等旅游资源为特色的旅游业实现可持续发展目标。

二、文化增权对乡村居民旅游感知的影响

乡村居民的旅游感知与态度是旅游发展规划过程中需要考虑的重要因素，因为乡村居民是支持还是反对旅游业的发展，将直接决定了乡村旅游业发展的未来。虽然居民对旅游业发展的不同感知和态度受众多因素影响，但是主要还在于乡村居民基于文化因素的考量。

第一，通过增加语言文字、书籍等有形文化产品的供给，以及提高对古迹、文物等的保护力度，能够有效提高当地居民对旅游资源、旅游业发展的感知程度。闵英、曹维琼（2016）指出具有民族特色的文字、书籍等文化产品（文本形式），是乡村文化继承和传播的根脉，能否有效整理并保护且以正确合理的方式进行解读相应有形文化产品才是发展当地文化旅游的重要基础。在旅游资源开发之初，由于乡村居民生产生活可能处在相对封闭的状态，或者受到乡村居民本身对旅游认知的局限性影响，他们可能基于与其他地区旅游发展以及自

身收益等因素的考虑，会对旅游开发产生不确定的影响，既有可能产生积极影响，参与并认同旅游开发项目，也有可能对当地文化生态造成破坏，抵制或者降低旅游项目的参与度，进而影响当地旅游业的平稳发展。王鹏辉（2006）通过对新疆民族地区旅游情况进行调查发现，当地旅游业的发展对民族文化产生多方面的影响，如旅游业不仅促进民族工艺品繁荣发展，也有效拯救了当地考古建筑，但是也导致当地宗教信仰散漫，民俗以及表演呈现庸俗化、肤浅化等特点，降低了居民旅游感知和文化认同的程度，最终对地区民族文化变迁产生了重要影响。不过综合来看，大多数的案例研究显示，通过加强文本学习语言，尤其是民族地区“土著”语言的学习，能够显著增强当地居民旅游感知程度，促进当地旅游经济快速发展，如陈丽君、胡范铸（2010）认为语言本身、以语言为载体的文化产品等均是旅游资源的有机组成部分，通过复制、观赏等方式成为旅游开发的重要内容；刘丽静（2015）以广西旅游业发展为例，强调通过文字语言的学习，可以有效提高当地居民的语言价值认知，从而与旅游业发展形成良性互动。

第二，以正式教育、培训以及家庭代际传承等方式指导居民传承和保护乡村文化资源，也是影响乡村居民旅游感知的重要因素，对于推动乡村旅游发展有显著的影响。基于语言文字、书籍、文化古迹等有形文化产品，在正规教育、家庭传承背景下能够更好地发挥其在乡村旅游开发中的重要作用。以云南大理古城和丽江古城为例，通过正式的教育培训，当地居民充分掌握了普通话和英语这两种语言工具，为外地游客以及境外游客感知度的提高提供了保障，同时由于普通话和外语的冲击，对当地民族语言“白话”（白族语言）产生了一定影响，为了加强纳西语言的传承，政府规定在小学教育中加入纳西语的教学内容，同时鼓励民族内部在居民、学生日常生活中也是有本民族进行交流，从而有效增强了当地居民的旅游感知，为保持当地文化特色起到了积极促进作用（何丽，2012）。另外，从黄石市明清古街统计数据相关性分析来看，居民受到的教育与旅游感知有显著的正相关关系，随着受教育水平的提升，旅游开发的正面影响和负面效应都容易被乡村居民感知，更有利于居民在旅游开发和管理过程中做出合理决策，促进旅游项目的成功开发（熊剑平等，2008）。可见，乡村旅游的发展，应该将居民文化增权作为重要的条件支撑，通过提高居民旅游感知为当地旅游发展营造良好的文化基础。

三、文化增权对乡村居民收益分配的影响

由于文化增权通过提高乡村居民的旅游感知，为乡村居民参与旅游发展创造了丰富的文化基础，也正是他们在文化、思想、意识等方面对当地旅游业发展的认同，为其参与地区旅游发展提供了可能，而随着乡村居民参与旅游发展的差异，对乡村居民收入及其收入结构产生了重要影响。

一方面，旅游开发条件下文化增权能够拓宽乡村居民的收入渠道，提高了旅游收入在家庭收入结构中的比例，促进了乡村居民平均收入水平的提高。在文化增权条件下，对于乡村居民来讲，能够通过教育学习、有形文化产品等方面的供给，提高自身掌握的特色有形与无形文化资源，进而通过自身要素禀赋结构的转变，为提高自身与居民家庭收入创造条件。以三峡步步升文化村为例，在现代工业化快速发展的背景下，当地传统手工艺制鞋技术受到了严峻的冲击，几乎面临失传的风险，为了保持这一传统非物质文化工艺，当地农村居民（以妇女为主）积极成立合作社，并在合作社内部通过师傅—学徒方式传承手工布鞋文化和制作工艺，在有游客参观的条件下合作社成员可以向游客提供讲解服务获取一定的收入，在其他情况下则主要通过销售手工鞋制品获取经济收入，有效增加了居民家庭的显性收入（阚如良等，2014）。同样，在国外以文化增权促进居民增收的例子也屡见不鲜，如位于印度东部的 Tunta 村，基于当地艺术家提供的丰富文化遗产，为当

地居民尤其是年轻人参与旅游发展提供了可能，随着游客和旅游收益的增加，不仅家庭收入结构发生了明显变化，居民收入水平也得到了显著提高（Bhattacharya 和沈燕，2016）。因此，在促进文化旅游过程中，只有在家庭成员充分掌握文化资源并积极参与旅游开发和管理的相关环节，才能通过文化增权为自身家庭收入水平的提高提供有力保障。

另一方面，文化增权在调节家庭收入结构比例的过程中，在一定程度上也加剧了地区居民收入差距的不平衡。由于文化资本在乡村居民个体上存在显著差异，导致他们参与旅游开发的方式和方法也有所不同。以樟江风景名胜区旅游项目为例，当地居民由于缺乏资金支持，加上自身文化水平和管理经验不足，旅游项目的开发和管理几乎由政府和外来投资者掌握，该地区部分居民仅能通过销售手工艺、特色农副产品作为经济收入来源，月均收入在 500 元左右（2009 年价格水平），另外还有少数人员参与到旅游项目的安保工作当中，其中仅有个别人是长期在旅游项目管理处工作，这不仅导致旅游项目收入流向该乡村之外的区域，也加剧了乡村内部收入差距的扩大（王剑和赵媛，2009）。王昌海等（2011）选取湘西州苗寨景区德夯村样本数据进一步分析发现，随着文化增权水平的提高，尤其是受到高中及以上文化教育的居民家庭，其中有 82% 均参与了旅游项目的不同环节，而受到小学教育的农户家庭仅有 27% 参与到当地的旅游项目开发和管理活动之中，加之他们不愿意承担旅游开发的风险，往往选择规避旅游开发的相关活动，进一步拉大了与高水平教育家庭之间旅游收入的差距，最终导致当地居民收入基尼系数超过 0.5，收入分配水平严重不平衡。这就意味在通过文化增权实现乡村旅游业快速发展的过程中，也应该建立有效的收益分配和监管机制，保障旅游业收入分配结构的效率性、公平性以及平等性。

四、文化增权对乡村旅游产业创新的影响

与其他产业发展所需条件相同，旅游业的发展同样离不开创新，

通过旅游产业创新不仅可以拓展旅游服务内容，也可以提高旅游服务质量。与传统旅游相比，乡村旅游往往更突出地域文化特色，且在投资规模、管理水平上与传统旅游相比存在明显不足，这就决定了以特色民俗、古迹等为特色的文化旅游更需要通过旅游创新推动当地旅游业的发展，而要更好地进行旅游创新，就必须通过乡村居民积极的文化增权政策作为重要条件。

第一，通过文化增权能够对乡村旅游的形式进行创新。由于文化增权可以显著提高乡村居民的文化认知水平，增强他们对于当地特色旅游资源的感知程度，从而为新的旅游方式的形成创造条件，尤其是以传统古迹、历史文化因素形成的乡村旅游产业，可以在乡村居民文化增权的基础上有效形成创意旅游的文化基础。在浙江上荷塘寨春农场，通过提高当地居民的经营管理水平，形成了现代农业与旅游完美结合的新形式，在现代农业庄园内部，旅游人员可以实现“农业科普、农事体验、采摘观光”等特色服务，最终形成了具有地区特色的农旅融合的旅游形式。再以孔子故乡——曲阜为例，在原有旅游参观、膜拜孔子儒家文化的基础上，创新传统旅游形式，形成具有儒家文化特色的“孔子修学旅游节”，通过举办修学活动进一步让旅游消费者体验孔子儒家文化的内在特点，从而更好地提升消费者的旅游感知度，为当地旅游业的发展营造有利条件。

第二，通过文化增权能够对乡村旅游的内容进行创新。乡村旅游项目和内容的丰富，在一定程度上也依赖居民文化增权力度的强弱。由于中国广大农村地域差异显著，部分有着丰富的文化资源，通过增加文化意识形态保护和传承力度，可以形成乡村具有特色的文化日庆典体验旅游，甚至是乡土民俗的体验式消费，从而能够延长乡村旅游价值链体系，最终满足旅游消费的多样化需求（单福彬和周静，2014）。以黄石市旅游发展模式变迁为例，由于湖北黄石市从古代至今都是以钢铁工业发展模式为主，但是随着矿产资源的枯竭，急须通过经济转型实现乡村经济的平稳发展，在经过科学考察和评估条件下，当地居民和政府通过文化增权的方式，一方面加强古铜矿遗址和周边乡村的文化保护，建设古铜矿遗址公园、古铜矿新农村体验等旅游项目，并积极申请世界文化遗产，提升黄石旅游资源在地区的影响力和知名度；另一方面，利用当地自然环境资源，如围绕历史名胜山岳——西塞山、慈湖、仙岛湖等水域资源，积极建设旅游景区，并结合黄石非物质文化遗产，通过建设和维护，建设革命烈士公园、龙港革命遗址等，进一步丰富黄石乡村旅游项目和内容，为当地经济发展转型提供动力支持（张文鹏，2015）。因此，在推动乡村旅游发展过程中，根据乡村文化、自然资源等特色，加强文化增权可以在原有基础上创新旅游项目和内容，为地区乡村旅游业的发展增添活力。

第三，通过文化增权能够对乡村旅游的管理进行创新。文化增权是乡村旅游业管理创新的重要影响因素，由于创新源于人力资本积累，而通过教育和培训等文化增权的具体形式将是提升乡村居民人力资本和文化资本的主要途径。实际上不仅前述提到的旅游内容和形式的创新都与乡村文化教育增权有着直接联系，旅游管理方式和营销模式也与文化增权有着密切联系。首先，通过对乡村居民的正规教育和培训，能够形成具有竞争力的经营管理团队，为旅游产品的促销、旅游服务质量提升提供人力资源支持；其次，通过对乡村特定居民专业技能培训，提升他们掌控现代信息技术能力，优化乡村旅游服务信息化网络，从而提高乡村旅游的服务效率；最后，通过专业的培训和教育，能够帮助乡村居民形成先进的管理理念和思路，并为乡村旅游品牌和产品设计提供思路，在此条件下相应乡村管理人员可以根据当地文化资源特征进行优化和创新，从而形成更加高效率的旅游发展思路和开发模式，为提高乡村旅游服务效率、实现乡村旅游经济可持续发展提供人力资源保障（李庆雷和白廷斌，2012）。

第二节 乡村旅游的文化困局

当前我国大部分乡村旅游主要以特色文化小镇的形式呈现给广大旅游消费者，而这种类型乡村旅游的特点在于自然资源禀赋不仅相对较小，且分布更为分散，同时在文化资源影响范围有限的条件下，进一步制约了乡村旅游业的快速发展。但是为了拓宽乡村人口增收渠道，实现农业部门经济快速发展，我国在“十三五”规划中明确将文化旅游作为应对“三农”问题的重要举措之一，并且对乡村旅游的形式和发展方向做出了明确阐述，尤其是在我国经济进入新常态阶段，中央和地方政府出台了一系列政策推动乡村文化、旅游产业的发展，并将居民旅游消费作为扩大内需、调整消费结构的重要内容。但是在政策实践过程中，就会发现现有乡村文化业态仍然在以下几个方面制约着当前乡村旅游业的发展。

一、乡村旅游市场主体文化的保护意识薄弱

我国不同地区的乡村文化，根植于当地农耕文化，甚至寄托着当地民族的精神信仰，往往具有悠久的历史和传承，反映了当地独一无二的历史文化特色，这不仅是华夏文明的重要组成部分，也构成了当代乡村旅游业发展的基本要素。但是在部分乡村旅游开发和管理过程中，由于文化保护意识相对薄弱导致，致使乡村旅游事业的发展受到了很大程度上的限制。

一方面，乡村居民的文化保护意识相对薄弱。当前乡村旅游在很大程度上与当地文化有关，尤其是与体现当地风俗、习惯的特色文化有着密切联系，但是随着城市化和人口结构的调整，伴随乡村人口向城市迁移，部分农村呈现的原始生活形态、起居方式、民俗信仰乃至

语言文字等非物质文化遗产随着人口结构调整，其继承和传播面临严峻挑战，不仅会导致乡村旅游文化资源基础的缺失，更是中华民族伟大文明的损失，像许多地方文字，如湖南江永女书，由于年轻人主要接受现代教育，并迁移至他处生活，导致当地阅读、书写甚至了解女书的人越来越少，其主要在当地年老的人中有使用，现有关于女书的传人几乎绝迹。同时，受到乡村居民文化层次、知识结构的限制，在比较当前流行的文化之后，人们很难认识到自身传统文化存在的经济价值，反而将其视为“糟粕”，则进一步加速了传统文化的消退，限制了当地传统特色文化的传承和发展，进而不能有效为乡村旅游文化基础的构建提供必要条件，使乡村旅游事业发展相对缓慢。

另一方面，在追求经济发展过程中，政府部门选择性弱化对乡村文化的保护和传承。由于长期受到投资驱动发展方式的影响，政府在追求经济发展过程中往往更看重投资对于当地经济发展的积极作用，在一定程度上忽视了文化旅游资源对地区经济发展起到的重要作用，导致政府将注意力更多集中在固定资产投资、房地产投资、商业开发等项目上，而在乡村文化资源保护环节中存在缺失。例如，福建晋安区岳峰镇竹屿村清末海军将领邓家骅故居被拆、仓山区城门镇的胪雷村陈景润故居被拆、哈尔滨开国将领刘亚楼旧居被拆、北京建筑大师梁思成故居、鲁迅故居被强拆等①，都是经媒体曝光之后，当地文化管理部门才开始着手对文化资源破坏情况进行监督管理，并开始启动对破坏之后的文化资源做文化鉴定和保护工作，但现实情况是经过强拆后的文化古迹已经无法修复，即使修复之后也已经失去了原有的历史价值，仅仅作为“人造景观”供旅游消费者了解当时的历史人物和事件。不仅如此，许多乡村历史文化遗产（包括非物质文化遗产）在没有政府和文化部门的鉴别和认定下，要么被政府建设部门强行拆

① 随着强拆上述文化古迹的相关责任人陆续得到相应惩处。

迁，要么被当地民众废弃，最终造成了乡村文化资源和旅游资源的消失，给乡村旅游业的发展产生了不利影响。

二、乡村旅游管理经营的文化素养不足

在文化增权缺失和不足的条件下，现有乡村旅游在经营管理方面存在许多不足之处，不仅损害了乡村旅游业的健康发展，也影响到了乡村居民收入的提高。由于文化增权不足，致使乡村居民发展缺乏相关专业，导致他们管理旅游项目的方式较为滞后，不能满足当前旅游发展需要，具体表现在以下几点：

第一，当前乡村旅游营销理念滞后。由于乡村旅游业的发展需要当地居民的人力、物力、财力以及智力支持，然而在文化增权缺失或者不足的情况，乡村居民在经营旅游项目的过程中往往存在“急功近利”的思想倾向，如在乡村旅游项目的初期发展阶段，随着知名度和游客人数的增加，部分乡村居民就开始提高旅游项目价格，这种现象在乡村观光园、农家乐等旅游项目经营过程中屡屡出现，不仅给广大游客产生了严重的心理影响，更加剧了当地旅游项目持续发展的不确定因素。不仅如此，以成都郊县“农家乐”旅游项目为例，部分居民经营户为了争取旅游顾客，竟然出现雇人“拉客”“宰客”“跟踪顾客”等行为，严重影响旅游消费者对相应乡村旅游项目的主观评价，造成了大量潜在客户流失（何景明，2005）。同样，一些以庙会、道观为特色的乡村旅游，在经营管理过程中，不乏“敛财”现象的出现，如新闻报道中经常出现功德箱、天价香等问题，往往给消费者错误的文化导向，恶化了当地文化风俗以及信仰特色在旅游消费者中的形象。因此，在改善乡村旅游发展模式过程中，需要针对乡村文化旅游的具体特点，积极转变乡村居民管理理念，从而在理念上减少乡村旅游发展的制约因素。

第二，当前乡村旅游项目管理方式滞后。由于乡村旅游发展的模

式随着地区旅游资源禀赋的差异而产生较大不同，就有学者认为当前乡村旅游模式可以分为需求拉动型、供给推动型、中介影响型、支持作用型以及混合驱动型这五种类型（张树民等，2012），其中后三种更适合具有文化特色和历史古迹的乡村旅游业的发展，但其中的问题在于：当存在居民、政府以及第三方投资机构的情况下，由于乡村居民认知的局限性，往往存在收益分配过程中的冲突问题，例如，在乌当区旅游发展过程中，前期以政府主导和企业经营的情况下，没有考虑乡村居民的旅游收益，结果导致旅游服务项目同质化严重，而且服务效率低下，旅游产业化程度相对较低，造成了大量旅游资源的浪费。但是当乡村居民参与旅游项目之后，管理部门缺乏对乡村居民经营进行合理的监管，将更多注意力放在了收费和创收上，导致当地居民在经营过程中忽视了餐饮服务的安全性，同质性消费价格差异大等问题，严重影响到当地旅游业的持续发展（耿品富等，2012）。甚至在部分地区，由于缺乏有效的监管和足够的认识，导致当地乡村文化、服饰风俗等都遭到了不同程度的异化，丧失了其应有的传统特色，无法为旅游业稳定发展提供必需的文化基础（彭顺生，2016）。因此，从现实乡村旅游发展趋势来看，乡村居民作为地方特色旅游发展的主体，其在管理经营方面技能能否得到有效提升将是影响旅游业持续发展的重要因素。

三、乡村旅游服务与产品的文化品牌标识缺失

文化在一定程度上可以说是乡村旅游的灵魂，正是基于文化内涵的差异才构成了当前乡村旅游的基础。但随着乡村旅游业的快速发展，部分地区传统的特色文化却在面临被破坏甚至是消失的风险，致使知识旅游服务和相关产品的文化内涵在逐渐消失，严重影响到旅游消费者对乡村旅游项目的文化认知。

第一，部分乡村旅游服务和产品的设计中缺乏文化内涵。文化品

牌建设直接关系到乡村旅游产品和服务发展的竞争力，有助于提升乡村旅游品牌形象和知名度。可是随着乡村旅游业的快速发展，部分乡村旅游项目的发展往往过度借鉴城市旅游发展模式，将盈利作为核心经营目标，导致旅游服务项目出现张冠李戴的现象，民俗、服饰甚至歌舞等文艺表演和传统地方文化特色严重不符，甚至出现了“世俗化”的倾向，给优秀的传统文化产生了严重的负面影响，最终导致乡村旅游在失去文化特色的同时，也降低了旅游市场上的竞争力。以浙江乡村旅游的发展为例，由于缺乏有效的文化传承，加上缺乏专业的人才进行管理和设计，导致部分地区乡村旅游的品牌单一，仅仅停留在“吃、玩”等方面，而缺乏对农耕文化和渔业文化的体验，最终致使浙江部分地区旅游发展出现严重“瓶颈”（潘小慈，2017）。不仅如此，在山东沂源三岔乡旅游项目品牌开发过程中，由于缺乏对当地农耕文化的挖掘和培育，致使当地旅游项目的本土文化特色不是特别明显，最终降低了该地区在乡村旅游市场中的竞争力（焦雷和李晓东，2016）。因此，为了促进当期乡村旅游业的发展，文化品牌作为影响乡村旅游发展的重要因素之一，应该成为乡村旅游项目管理过程中的一项重要内容。

第二，有些乡村旅游服务和产品的营销方式无法满足文化品牌建设的需求。乡村文化资源是乡村旅游资源的核心组成部分，随着旅游项目经营规模的扩展，其文化内涵在旅游发展中的作用将愈加突出，与之相适应的营销渠道也需要逐步进行调整，尤其是要在充分体现传统乡村文化基础上，通过信息化营销渠道满足不同年龄段、性别等客户的多样化需求，而不能仅仅停留在传统的营销方式基础之上，最终限制了旅游市场规模的扩大。但是作为乡村旅游项目的主导者和管理者，应该注意到部分乡村旅游项目开发和管理的特点，由于乡村旅游项目在有些情况下主要是基于当地居民参与提供住宿、饮食等服务，如西安长安区上王村“农家乐”旅游项目，主要以家庭为单位向消费者提供餐饮、住宿等服务，导致他们很少有资金用于旅游文化品牌的营销，不仅餐饮与住宿服务的同质化问题严重，根本无法满足不同消费群体的多样化需求，更重要的是缺少地方文化内涵，而且营销方式主要靠消费者“口碑”等形式扩大旅游品牌在地区旅游市场的影响力，而缺乏现代信息技术条件下的传媒营销渠道，进一步限制了该旅游项目的发展。因此，对于乡村旅游项目的开发者和管理者而言，当资金和消费规模达到一定阶段时，如何在资金约束条件下优化营销方式可能是决定乡村文化旅游的关键因素。

第三节　乡村旅游文化增权的路径

基于上述理论与案例分析，针对当前乡村旅游发展过程中存在文化困局，结合乡村文化的具体形态，应该分别从物质文化和非物质文化两个层面探讨其增权路径。

一、乡村旅游物质文化的增权路径

从文化构成属性来看，乡村物质文化的增权主要集中在三个方面：

第一，加大对乡村及周边地区文物、古迹等文化资源的保护。一方面，当地政府应该按照相关管理规定，合理、合法对当地文化进行保护和管理，尤其是文化管理和文物鉴定部门要积极组织专家和学者对文物、古迹等物质文化遗产做出积极鉴定，保障物质文化遗产的历史价值和现实意义，进而为保障和保护文化遗产提供法律和正式制度依据；另一方面，乡村居民要树立保护意识，除了要保护和保持物质文化遗产外，还要自觉维护与之相关的其他自然资源、农业资源等，保障物质文化资源和其他相关资源构成统一整体，充分体现乡村传统文化特色，为提升旅游文化品牌提供物质保障。

第二，加大对乡村居民文化书籍等学习资源的供给。当地政府和村委会等组织，要积极并定期向乡村居民提供必要的书籍、文化宣传册等学习资料，帮助居民了解当地传统特色文化，提升居民对自身特色传统文化的感知度和认同度，提高乡村居民的“文化自信”；同时，结合现代信息网络技术，在特定条件下构建网络传播媒介，形成具有鲜明时代特征的创意文化和创意旅游，吸引乡村居民和旅游消费者能够充分体验特色文化给予的体验和震撼，为提升当地文化竞争力和旅游品牌知名度创造基础。

第三，加大对乡村文化资源保护和供给的财政支持力度。在旅游业项目开发之前，需要一定的资金投入以帮助乡村居民学习和参与当地物质文化的保护、继承活动之中，而且关于相关物质文化遗产以及非物质文化遗产的鉴定、保存等均需要投入一定资金才能有效实施，但是在乡村居民收入水平较低的情况下，更多需要当地政府财力的支持；在条件允许的情况下，积极引入第三方投资和管理机构，不仅可以缓解项目开发过程中可能出现的资金短缺问题，也可以利用第三方投资机构的管理经验，并借鉴现有乡村旅游发展的典型案例和相关经验，对待开发的乡村旅游项目进行合理规划，形成有利于当地乡村居民发展的旅游开发项目。

二、乡村旅游非物质文化的增权路径

随着乡村旅游业的快速发展，非物质文化遗产在当前乡村旅游发展中的作用越加重要，其在一定程度上甚至决定了物质文化遗产以及乡村旅游发展的方向，因此，在乡村旅游项目的开发和管理的整个过程，均需要持续关注对居民在非物质文化领域的增权情况：

第一，加强对非物质文化遗产的传承。乡村地区是我国非物质文化遗产的主要来源地，无论是乡村的传统风俗、节日、技艺以及饮食等，都可以成为具有市场和旅游价值的非物质文化遗产。一方面，需要强化文化遗产的传承。在部分具有传统文化特色的乡村，其旅游业发展的基础在于对这些风俗、技艺等的保护和传承，尤其是在当前各种外来文化的冲击下，需要鼓励居民对自身特色文化和技艺等非物质文化遗产充分保护起来，同时鼓励中青年以及少年要善于继承上述文化遗产，尤其是保障此类文化遗产得到传承和发扬。另一方面，要优化非物质文化遗产传承的方式。可以在家庭代际之间、师徒之间继承和传播的基础上，根据当地文化遗产的特点，优化和创新传播和继承方式，在深入挖掘文化遗产的旅游价值基础上，积极吸纳有兴趣的居民参与相关技艺、风俗以及特色饮食的制作之中，扩大特色文化的群众基础，保障乡村特色文化得以延续，为当地旅游发展创造具有竞争力的文化资源。

第二，加强对乡村居民的专业技能教育。乡村旅游业的发展离不开专业技能的培训，尤其是在乡村居民知识结构和认知能力有限的情况下，提高其专业技能水平是决定乡村旅游业发展的关键因素。首先，结合非物质文化旅游资源的特点，聘请专家和学者对乡村居民进行经营和管理方面的培训，培养居民如何参与有效的竞争，如何掌握现代营销手段和工具，帮助他们在管理和经营水平上符合现代乡村旅游市场发展的要求；其次，积极组织乡村居民参观学习，借鉴已有成功发展的案例经验，深入分析成功案例在发展过程中的规划设计、危机管理、品牌设计、市场营销等方面的经验，在此基础上紧密结合自身文化遗产特色，在文化品牌建设、市场营销手段等方面进行改革和创新，有效提升自身旅游项目的竞争力；最后，提升乡村居民接受培训的积极性和主动性，尤其是在旅游业处在激烈竞争的阶段，更需要乡村居民积极主动进行专业技能培训，通过技术、文化特色以及创新能力提升自身竞争力，而不是通过不正当竞争手段获取短期不当得利，却在长期对地区乡村旅游发展产生负面影响。

第三，加强乡村居民个人及组织文化的培育。在乡村旅游业发展过程中，村民组织和个人文化素养也是影响当地旅游业发展的重要因素。一方面，要引导居民和村民组织梳理“和谐共赢”的理念，如要处理好乡村旅游与自然环境、人文环境之间的关系，尤其是乡村居民和其成立的组织，作为旅游项目的管理者之一，要合理协调旅游发展与生态、人文等方面的关系，实现旅游资源的可持续发展；同时，以“共赢”理念为基础，乡村居民和相应组织也要处理好与政府、第三方投资机构的关系，在实现不同主体之间资源合理配置的基础上促进当地旅游业快速发展。另一方面，乡村居民和组织要遵守市场规则，并且要“遵纪守法”，对同行业竞争者要采取正当的方式参与市场竞争，对旅游消费者要提供安全可靠的服务，把维护旅游消费者的利益作为乡村旅游服务的重要内容，最终提高消费者对乡村旅游的满意度，保障乡村旅游业健康良性发展。

第七章　中国乡村旅游化的破解机制之Ⅲ：教育增权

前已述及，在乡村旅游中文化传承与保护是乡村旅游获得更高收益的重要保障。一个地区只有保持文化多样性，才能在日趋竞争激烈的旅游市场中获得竞争优势，从而带来当地乡村旅游的发展和社区居民收益的提高。目前从传统文化的保护与传承的历史经验和理论来看，教育传承与保护文化资源是最重要途径，通过提高当地社区居民的教育水平提高旅游化的生存情况，同时也能够平衡收益分配不均、濒危资源保护与旅游产业可持续发展问题。在旅游物质资源和文化资源丰富的乡村地区，由于教育的缺失有可能导致旅游业的发展受到一定限制，因此，本章将立足于乡村旅游资源开发与经营管理中的人力资本问题，分析教育增权对于乡村旅游发展与利益分配的重要作用，从政府、社区居民、企业等参与旅游发展的主体基于学校教育、“干中学”以及社会教育等途径构建乡村旅游可持续发展的框架。

第一节　乡村旅游发展中人力资本的现状及教育增权的意义

一、乡村旅游发展中人力资本的基本理论

现代经济增长理论认为，劳动与资本是地区经济发展的要素，这里的资本不仅是有型的物质资本，而且也包含由劳动者本身的知识、技能与健康形成的人力资本。人力资本不但能够提高单位劳动产出，也能够促进技术进步与管理经验，从而带来经济增长效率的提高。人力资本水平越高的地区，一般具有更好的经济表现；而个人文化水平越高，经济收入也往往越高，因此，谈及增长与收益，必须考虑劳动力本身素质，即人力资本。Becker（1962）指出人力资本集中表现在劳动者的知识水平和技能，并且劳动者可以通过所拥有的知识和技能获得潜在的经济收益。与传统的劳动力水平不一样的是，人力资本突

出表现了劳动力的异质性为劳动者带来收入的差距。当前在学界看来，人力资本的衡量主要通过劳动力受教育程度以及相应的工作时间和经验（Becker，1975；Mincer，1958），然而要实现提高人力资本水平的目标，劳动者就需要通过增加保健支出，或者参与相应的职业培训，在条件允许的情况下也可以通过参加正规教育或者成人教育，甚至是就业移民等方式（舒尔茨，1950；贝克尔，1962）来提高。总之，对居民的教育增权是获得较高人力资本的主要手段之一。

为什么对社区居民进行教育增权从而获得高人力资本会有更多的收益，主要原因在于，对于社区居民来说，通过教育得到更多的人力资本会有更高的劳动生产率，因此，在旅游开发中的企业更愿意雇用这些高劳动生产率的劳动者并为其支付高于其他劳动者的工资，从而增加了社区居民获得更多收入、减少贫富差距的途径，如白菊红（2003）、高梦滔和姚洋（2004）、张艳华和李秉龙（2006）、侯风云（2007）、杨金风（2008）、任国强和薛守刚（2008）、赵海和彭代彦（2009）、辛岭和蒋和平（2009）、李兴绪（2009）等利用微观调研数据实证分析了以教育水平和在职培训为替代变量的农村人力资本水平与农民收入水平及收入差距的影响，在控制了性别、年龄、物质资本等变量后，这些结论依然稳健，可见以教育增权为表征的人力资本对农村居民收入的影响较为重要。此外，以明瑟工资方程为基本模型，从旅游业整体来看，其人力资本水平的提高也能够显著增加劳动者的收入（Sturma，2001；Banuls & Rodriguez，2005；Ortega & Pagan，2005）。

传统的乡村地区是一个典型的"乡土社会"（费孝通，2013），其地处偏远地区，与现代城市的生产与生活方式都有所不同：他们同乡村中的旅游资源"同生存、共发展""生于斯，死于斯"，因此对于旅游资源的开发与保护显得更为慎重。而他们获得知识的途径主要依靠代际间祖辈的经验传授，并在潜移默化中将这些知识与经验内化为自己的谋生手段与文化风俗——其中也包括民风、习俗、手工艺等文化资本，但这些存在与本社区内和本宗族内的“地方性知识”仅为满足社区居民自给自足的生产与生活的实践需要，一旦进行旅游开发纳入现代化生产当中，这些知识和经验将显得非常有限：由于紧靠宗族代际间的口口相传，致使这些知识和习俗传播速度和效率都极大降低；此外，由于没有现代教育的工业化传播，这些知识经验的更新速度也很慢，从而直接导致了乡村地区社区居民人力资本水平不高，不利于乡村地区的发展。即使乡村地区的旅游资源与文化资本都非常丰富，然而由于人力资本的缺乏，会导致乡村地区发展乏力，表现为乡村旅游中的管理人员和服务人员的素质不高，乡村旅游在前期规划、营销策划与旅游开发实践的吸引力不强，导致乡村旅游产品和服务停留在一个比较初级的阶段，从而难以与其他高水平的旅游景区竞争，导致乡村旅游发展进一步被限制。

城乡二元经济结构的理论告诉我们，制约乡村经济发展的除了依靠资本的“大推进”以外，更重要的是要通过教育提高劳动者和经营管理者的基本素质，资本和劳动的边际收益都会随着投资规模的扩大而递减，并使经济增长最终趋同并进入稳态；而只有人力资本能够破除收益递减的屏障从而达到地区经济稳定与持久的增长。因此，从开发乡村旅游的基础要素来看，自然资源与文化资源是乡村中既定的资源，政府和企业的大规模投资终将会造成边际收益递减，而只有人力资本投资需要社区居民的参与并能够带来报酬递增的增长绩效；从影响乡村旅游经济发展的资金、技术、制度、人力资本等因素来看，资金等硬件因素可由旅游企业带来，因此改善的速度都比较快，制度因素的改善需要政府的实施，只有人力资本改善的速度非常慢，而人力资本恰恰又影响着旅游业的模式创新、旅游产品与服务质量的好坏、旅游策划营销的是否高端，因此只有通过对乡村地区的社区居民进行教育增权，提高他们的人力资本水平，才有可能解决乡村旅游的发展问题。然而，在我国乡村旅游开发的过程中，各个部门仅对收益见效快的旅游资本投资比较重视，表现为不断扩大乡村旅游的建设规模、造成许多同质的旅游产品，不利于乡村旅游垄断竞争能力的提高，导致了旅游过程中粗放的经营模式，旅游者面对同质的旅游产品很快就会失去兴趣，要留住旅游者就必须以人力资本投资突出乡村的产品与服务、文化与资源，以独到的创新模式破除乡村旅游中的发展桎梏。

二、社区居民投资人力资本现状及教育增权意义

“增权理论”认为社区居民在旅游中处于经济利益的弱势地位，原因正在于其缺乏与其他利益相关主义进行利益博弈的资本，只有乡村社区居民在旅游发展过程中掌握一部分制衡其他力量的权利，才有可能在利益博弈中赢得自己的一部分利益。而教育增权作为提升乡村社区居民人力资本的重要权利，能够通过提高乡村社区居民在旅游开发时的人力资本，成为其投资主体之一，从而具有了参与社区旅游发展的决策与知情、获得旅游收益的权利。但是在乡村旅游的发展过程中，由于能够提供人力资本的主要有社区居民的文化传承、旅游企业的知识及管理经验培训以及政府的公共教育投资，其对人力资本的形成起到了不同的推动的作用，所以必须去分析这些人力资本投资主体中存在的问题，从而发现乡村旅游中教育增权的重要意义，具体来说：

在乡村旅游中，社区居民大多属于农户，由于农户的收入较低以及人力资本的收益非即时性的特点，使社区居民在进行人力资本投资时总量较少以及结构较为不合理，其投资的主要形式是对家庭成员的教育投资和职业技术投资，却忽视了传统文化知识结构的继承，使家庭成员一方面接受的正规教育不如城市居民，同时又因为不了解本土文化优点而忽略了对本村文化资本的积累，从而造成了社区居民在旅游发展中的收益中处于劣势地位。

从我们走访的一些乡村旅游的社区居民（秦岭兵马俑周边乡村、

上王村等）中发现，在人力资本投资中出现了以下几种问题：第一，在进行乡村旅游的调研中，多位受访对象表示通过读书获取相关知识对于乡村旅游的发展以及个人收入水平的提高没有重要意义，即“读书无用论”，进而发现全村人整体人力资本水平较低（大多数居民受教育年限仅为6年），大多数社区居民认为在旅游景区周边发展的农家乐、旅馆等与旅游经营相关产品中不需要书本上的知识，顶多是“会算算账，认得字”就足够，相比较先进的管理经验和差异化的发展战略，他们更乐于相信“运气”等与自身无关的因素，这导致乡村居民旅游发展动力不足。然而我国正处于经济发展模式由传统的粗放型增长向以“创新”为动力的集约型经济增长转型的关键时期，对第三产业尤其是旅游业也提出了集约发展的新要求，乡村旅游的发展不再仅仅依靠资本和劳动力投入就能够带来景区的“人山人海”，也不是依靠千篇一律的农家乐和农业观光就能成就一方新天地，乡村旅游的新发展要求人们逐渐改变旅游产业的“低技术门槛、低人力资本、高投资”的传统印象，辅之以专业的旅游管理人才，需要社区居民从基础教育投资做起，农民对家庭成员的教育投资将在长时间影响其家庭收益并决定了乡村旅游发展的未来之路。第二，其对人力资本的投资方式以传统的接受正规义务教育为主，一部分乡村居民会让家庭成员帮忙处理旅游生意，而拒绝发现本村文化优点，也不会将传统手艺传给更多的人，传统文化的继承依然以血亲继承为主，从而降低了文化传播的速度。同时，不参与乡村旅游的社区居民更没有动力去接受培训，然而他们虽然不是旅游事业的从业者，但是他们形成乡村旅游有别于其他乡村旅游的独特人文环境和旅游资源的重要组成部分，是决定了本村旅游差异化特征的重要因素之一，他们直接或者间接地参与到了乡村旅游的发展和管理当中，因此，他们的文化程度将直接影响其他旅游者对于本村旅游的看法与感知，当期文化水平较低，没有获得更多的来自乡村旅游的培训时，他们更多地是表现出了偏好当期利益而忽略长久利益的“短视”思想，从而一方面造成破坏市场竞争、坑蒙拐骗等影响市场秩序的经济行为导致旅游者体验不佳；另一方面，对于乡村旅游参与中无法提出符合自身利益的合理主张，从而限制了乡村旅游的发展与社区居民旅游收入的提高。

三、旅游企业投资人力资本现状及教育增权意义

旅游企业对于乡村旅游的发展无疑是非常重要的，凭借着丰富的物质资本和远见规划，旅游企业能够依托乡村旅游的特殊资源从事旅游生产经营与服务，作为独立核算自负盈亏的法人机构，旅游企业与所有厂商一样以追求利益最大化为目的，也造成了其对乡村旅游发展以追求利润为主要目标，因此对于教育培训等有关经营成本的项目往往以最小化为目的。但由于乡村旅游企业中的员工往往是返乡农民工、农村籍退役士兵，甚至城市下岗职工等不同群体，这些劳动者的过往经历与受教育能力限制了其在旅游生产与经营过程中的能力的提高，由于缺乏必要的从事传统工艺的基本技能，也没有比较全面的管理经验和经营理念，价值知识结构的局限性导致乡村居民不能较好地提高自身劳动收入，也限制了旅游业的发展，主要表现在：第一，乡村旅游企业的人力资本培训缺乏较为合理的在职培训体系，从调研情况来看，大部分村民都拥有较少的企业培训，旅游企业的相关主管也对于在职培训体系与员工培训的态度较为淡漠，尤其是旅游企业管理层往往处于短期经营考虑，不愿在员工人力资本方面做过多投资，加之由于政府和乡村集体的参与，致使企业部分所有者不能充分享有其应得的经济收益，进一步降低了旅游企业本应承担的部分企业社会责任，在不同程度上抑制了乡村旅游企业人力资本水平的提高；此外，乡村地区的旅游经营者本身的人力资本水平较低，由于企业规模的限制，大部分乡村旅游企业的规模较小，一般采取家庭经营模式，他们的员工普遍受教育年限较低，旅游知识的相关培训很少，专业知识技

能更是匮乏，以西北唯一上市的旅游企业西北旅游为例，其在乡村项目中的开发、拓展、营销方面缺乏专业人才，难以及时应对市场变化，然而在本地又无法拥有与之相匹配的人才，限制了其旅游业的发展。

四、社区政府投资人力资本现状及教育增权意义

政府在乡村旅游人力资本积累方面发挥着不可替代的作用。作为乡村旅游投资主体之一，政府可以通过改善居民健康水平提高乡村旅游居民人力资本水平，也可以通过增加居民受教育年限以及对当地居民进行旅游相关知识的培训提高居民人力资本。可是，按照投资和收益统一的原则，显然政府对乡村居民人力资本的投资，具有很强的正外部性，居民作为政府人力资本投资对象，其受益者是居民自身以及当地旅游资源开发和管理组织，在一定程度上会降低政府投资居民人力资本的积极性。但是从乡村经济的长期发展来看，随着旅游地区人力资本水平的提高，可以在增加乡村居民收入的同时，也促进当地旅游业的发展，能够为当地政府财政收入的增加创造广泛的经济基础。但是由于存在旅游企业“搭便车”的行为，加之政府财政收入不足，很可能出现对于乡村居民人力资本投资不足的局面，主要表现在：第一，受限于教育设施与教育经费匮乏，政府公共教育投资较少，导致乡村社区居民人力资本水平较低，很多社区居民的受教育年限仅为6年，平均受教育年限仅为8年，表明乡村社区旅游业经营与外出工作能力较差，限制其收入的增加；第二，由于乡村地区生活条件恶劣，不少高中以上文化程度的居民开始外出工作，造成了本地人才流失，进一步恶化了乡村旅游经营的条件；第三，乡村旅游的分散性与落后的基础设施，无法给人才提供更好的机会，也无法留住人才。

综上所述，来自社区居民、企业与政府对于人力资本投资的不足，因此必须将教育增权提升到乡村旅游建设中来，通过社区居民的

家庭教育、企业的培训与政府的基础教育投资，完善社区居民的教育增权，培养其人力资本，获得较高收入并促进乡村旅游的经济发展。

第二节　实证研究：以陕西秦汉文化旅游为例

一、数据来源和样本说明

受到研究手段和调研对象的限制，本章调研数据主要考察乡村人力资本状况对旅游收入的影响，沿用学界的主流指标设定，将人力资本进行分解，分别从居民受教育程度、健康状况以及是否参加技能培训等方面进行考察。另外，为了控制居民个体因素可能会对计量结果的营销，在问卷设计中还加入了反映居民个体的性别、年龄以及婚姻状况等信息。

本节所需要的数据，主要来自 2017 年对秦始皇兵马俑景区下河村社区、汉城湖景区罗家寨社区等秦汉关中文化周边参与旅游开发的农村社区居民进行的随机入户抽样调查。问卷共 10 个问题，内容涉及被调查者的性别、年龄、健康状况，受教育年限，目前从事农业生产情况（是否进行农业生产）、家庭成员的外出务工情况；个人的技能以及是否接受过培训。采用里氏评分法，评分值如下：①完全没有；②有一些；③基本有；④有很多；⑤完全有。并调查了社区发展旅游业的语言技能，涉及社区居民的普通话能力与外语能力，评分值为：①完全不会说（听）；②会说（听）一些；③基本都能说（听）；④说（听）的比较好；⑤非常好。同时，调查了乡村旅游社区居民的资源情况，涉及乡村居民的土地、资金、技术等，评分值为：①完全没有；②有一些；③基本有；④有很多；⑤完全有。最后，调查了社区居民的旅游年收入与全年总收入（开放式问题）。

问卷调查地点为两处景区的周边社区，一处为紧邻秦始皇兵马俑的下河村，另一处为紧邻汉城湖景区的罗家寨，这两处景区很好地代表了人文历史旅游和自然资源旅游，调查时间为2017年5月1日至5月7日，共向调研对象发放问卷200份，经统计回收的有效调查问卷为154份，回收率为77%，回收样本的统计结果如表7.1所示。需要说明的是所有数据运用STATA 13.0统计软件进行处理。

表7.1　各变量的描述性统计

一级指标	二级指标	变量名称	obs	Mean	Std. Dev.	Min	Max
人力资本	健康状况	Healthy	154	3.97	1.03	1	5
	受教育状况	Education	154	8.44	2.81	1	16
	普通话认知状况	Putonghua Speaking	154	3.11	1.11	1	5
	英语认知情况	English Speaking	154	1.30	0.58	1	4
	培训状况	Training	154	0.56	0.50	0	1
	个人技能	Skill	154	3.93	0.91	1	5
个人收入	个人全年参与旅游开发的收入	Income	154	27777.31	81817.35	0	1000000

二、计量模型设定与实证结果分析

根据前面假设，拟采用以下模型对社会资本与居民旅游发展的关系进行计量检验，

$$\ln Y_{it} = \alpha_0 + \alpha_1 HC_{it} + \alpha_2 \sum_{i=1}^{n} Control\ s_{it} + \theta_i + \xi_{it} \tag{7.1}$$

其中，$\ln Y_{it}$代表居民年个人收入的对数值，HC为个人人力资本，$Control\ s_{it}$代表乡村居民的个人特质作为控制变量，包括性别、年龄、年龄的平方、民族以及征地情况。θ_i代表区域的固定效应，ξ_{it}是误差项。

对乡村社区人力资本各维度项与社区居民旅游收入进行OLS回归，估计结果见表7.2，表中列1～列6分别估计了受教育年限、健

康状况、普通话认知能力、英语认知能力、培训与个人技能分别对社区居民旅游收入的影响，从表中可以看出，在全样本回归下，社区居民个人受教育年限与居民旅游收入呈现显著的正相关关系，相关系数为0.0389，表明受教育年限每增加1%，将会对居民收入（取对数）的影响提高0.0389%，可见居民的普通学历仍然对其收入提高有非常重要的影响。

居民健康对其旅游收入有显著的正向影响且系数值为0.2155，说明在乡村旅游地区，社区居民的个人身体健康对其参与旅游发展起到了非常重要的作用，然而现实的问题是：在广大乡村地区，居民的身体健康甚至比受教育年限的重要程度来得更为迫切，他们大部分人没有加入完善的医保体系，在吃穿用度上仍然与高收入家庭有所差距，进一步限制其旅游创收的能力。

由于在乡村旅游过程中需要与相关企业、游客等进行交流，因而着重考察了乡村居民语言认知能力对于乡村居民旅游收入的影响。从普通话的认知情况来看，乡村居民说普通话的熟练程度与其旅游收入呈现了显著的正相关关系。此外，由于调研的选择样本区域处于世界旅游胜地，国际交流较为频繁，因此我们还考察了当地社区居民说英语的熟练程度与其旅游收入的关系，从回归估计结果来看，其系数显著为正，表明乡村居民的语言认知与交流能力能够显著地影响社区居民的旅游收入，尤其是在秦兵马俑周围的乡村旅游地区，经营者们大多能够进行简单的外语交流，为当地旅游发展提供了良好的环境与氛围。

最后，我们还考察了培训与个人技能对于乡村居民旅游收入的影响，从调查的结果上来看，由社区组织的培训虽然较少，但对于社区居民旅游收入的提高却又呈显著的正相关关系，因此，在乡村旅游教育增权的过程中，应当注重提高对于乡村社区居民的培训。此外，拥有个人技能的社区居民往往能够更快速地找到合适的工作以及创业，其对社区居民的旅游收入同样具有显著的正相关关系。

表 7.2 中列 7 估计了社区居民人力资本各个因素对于社区居民旅游收入的影响，除了英语认知能力虽为正但不显著外，其余因素均对社区居民旅游收入呈现显著的正向影响，表明这些因素在对社区居民教育增权时有着非常重要的影响。

表 7.2　乡村居民人力资本对居民收入的影响（全样本回归）

被解释变量	lnY						
解释变量	1	2	3	4	5	6	7
Education	0.0389** (0.0127)		—				0.0031* (0.0115)
Healthy		0.2155*** (0.0775)					0.1030*** (0.0896)
Putonghua Speaking			0.2294*** (0.0731)				0.1749*** (0.0809)
English Speaking				0.1519*** (0.0449)			0.0056 (0.0152)
Training					0.0911* (0.0459)		0.1143** (0.0558)
Skill						0.2278*** (0.0830)	0.1286* (0.0848)
Controls	是	是	是	是	是	是	是
个体效应	是	是	是	是	是	是	是
Cons	15.6249* (10.2002)	11.5722* (9.8634)	15.8592* (10.9144)	15.8208* (10.4662)	19.1411** (10.9611)	20.3810** (10.4750)	15.2771* (10.9197)
Obs	151	151	151	151	151	151	151
R^2	0. 5660	0.6020	0.6243	0.6162	0.5662	0.6008	0.5110

注：***、**、* 显著性为 1%、5% 和 10%，( ) 内为标准误。

表 7.3 考虑了不同类型下的乡村居民人力资本对于旅游收入的影响。列 1 和列 2 考虑了男性组别与女性组别人力资本对于居民旅游收入的影响。从估计结果来看，受教育程度、身体健康、普通话语言认知能力、培训与技能均对男性乡村居民旅游收入的提高呈显著的正向

影响，而在女性组别中身体健康与个人技能虽然对女性组别的乡村居民旅游收入为正但并不显著，可能的原因在于广大乡村旅游地区妇女的旅游社区参与度较之于男性并不高。

列 3 至列 7 考虑了不同年龄阶段下乡村居民人力资本对于旅游收入的影响。我们将年龄段分为 5 个阶段，分别为：20～30 岁，30～35 岁，35～40 岁及 50 岁以上。在 20～30 岁阶段，社区居民的受教育年限、英语认知能力、培训与个人技能对社区居民旅游收入的提高起到了非常重要的作用，而健康与普通话认知能力对于这个阶段的乡村居民来说其影响旅游收入并不显著，可能的原因在于该阶段的社区居民处于生理的巅峰状态，健康的重要性并未显现，且该阶段居民均为“80 后”，平均受教育水平远远高于其他年龄阶段，普通话水平对于旅游收入的影响就显得并不重要。而在 30～35 岁以及 35～40 岁这两个阶段的社区居民，所有人力资本要素对于其旅游收入的影响都显著为正，在这个年龄阶段的社区居民是真正需要在旅游参与中进行各方面教育增权的群体，因此应当着重对 30～40 岁社区居民进行旅游相关知识的培训。而到 50 岁以上的社区居民，受制于劳动力效率下降，大部分人力资本要素对其旅游收入的影响并不显著。因此，从以上计量结果来看，应当着重加强 30～40 岁乡村社区居民以及女性社区居民的旅游知识的培训，进而提高居民收入水平。

表 7.3　乡村居民人力资本对居民收入的影响（按性别与年龄分组回归）

被解释变量	lnY						
备注	按性别		按年龄				
解释变量	1（男性）	2（女性）	3(20～30)	4(30～35)	5(35～40)	6(40～50)	7(≥50)
Education	0.0034** (0.0013)	0.0370** (0.0187)	0.1879* (0.1100)	0.1370* (0.0833)	0.1705* (0.1009)	0.2214*** (0.0824)	0.0309 (0.0694)
Healthy	0.2226* (0.1291)	0.0565 (0.1336)	0.1302 (0.2380)	0.3691* (0.2228)	0.28339* (0.1981)	0.2566** (0.1278)	0.4009* (0.2261)
Putonghua Speaking	0.2646** (0.1156)	0.0520*** (0.0116)	0.0608 (0.2472)	0.4680* (0.2284)	0.3977*** (0.1126)	0.0988*** (0.2463)	0.1641*** (0.1908)

续表

被解释变量	lnY						
备注	按性别		按年龄				
解释变量	1（男性）	2（女性）	3(20～30)	4(30～35)	5(35～40)	6(40～50)	7(≥50)
English Speaking	0.0742 (0.2744)	0.0339** (0.0168)	0.2240** (0.1000)	0.1310*** (0.0316)	0.2001*** (0.0344)	0.1870 (0.7249)	0.01056 (0.2402)
Training	0.1743*** (0.0547)	0.1968* (0.1135)	0.0691* (0.0396)	0.4457* (0.2667)	0.3530** (0.1739)	0.2898** (0.0432)	0.0846 (0.4116)
Skill	0.2693* (0.1311)	0.0206 (0.1395)	0.2576** (0.1255)	0.3399* (0.1786)	0.0553*** (0.0193)	0.41472*** (0.1425)	0.0787 (0.3172)
Controls	是	是	是	是	是	是	是
个体效应	是	是	是	是	是	是	是
Cons	21.8803* (21.4842)	25.4895* (17.9131)	7.4864*** (1.3370)	9.5692*** (1.1018)	9.1411*** (1.9611)	9.4505*** (1.5779)	8.1203*** (0.9090)
Obs	81	70	31	28	47	29	26
R^2	0.6472	0.6020	0.7116	0.8081	0.6667	0.6380	0.4640

注：***、**、*显著性为1%、5%和10%，( ) 内为标准误。

表7.4考虑了不同收入情况下社区居民人力资本要素对于居民旅游收入的影响，我们将收入分为5类：分别为年收入小于5000元，5000～10000元，10000～15000元，15000～20000元以及20000元以上。从分组的结果来看，对于极低收入（≤5000元）和较高收入（≥20000元）的乡村社区居民来说，人力资本各个要素对于其旅游收入的影响全部显著为正，然而不同的区别在于极低收入的居民需要更多的是普通技能的教育增权，依靠提高的普通技能参与到他人经营的旅游环节当中；而较高收入需要的则是旅游专业技能的教育增权，通过政府更多的旅游知识的信息公开，实现旅游经营中收益水平的提高。对于年均旅游收入5000～20000元的这三组社区居民来说，他们既需要普通教育，也需要部分技能培训来改变现状。因此，应当区别对待。

表 7.4　乡村居民人力资本对居民收入的影响（按收入分组回归）

被解释变量	lnY				
解释变量	1（≤5000）	2(5000～10000)	3(10000～15000)	4(15000～20000)	5(≥20000)
Education	0. 0264 * (0. 0131)	0. 0057 * (0. 0031)	0. 0424 *** (0. 0133)	0. 0094 ** (0. 0036)	0. 1064 *** (0. 04153)
Healthy	0. 0492 * (0. 0195)	0. 0303 * (0. 0146)	0. 0981 *** (0. 0368)	0. 0492 ** (0. 0195)	0. 0811 *** (0. 0136)
Putonghua Speaking	0. 2936 *** (0. 1360)	0. 0205 * (0. 0103)	0. 0046 (0. 0370)	0. 0001 (0. 0261)	0. 0039 ** (0. 0013)
English Speaking	0. 5002 (0. 2064)	0. 0168 (0. 0204)	0. 0113 (0. 0990)	0. 0217 (0. 0199)	0. 1446 *** (0. 0227)
Training	0. 0471 ** (0. 0209)	0. 3542 *** (0. 0200)	0. 0695 ** (0. 0219)	0. 0002 ** (0. 0000)	0. 1211 *** (0. 0262)
Skill	0. 0771 *** (0. 0265)	0. 0440 ** (0. 0150)	0. 0473 *** (0. 0126)	0. 0101 *** (0. 0026)	0. 2502 *** (0. 0652)
Controls	是	是	是	是	是
个体效应	是	是	是	是	是
Cons	3. 3614 (14. 5563)	10. 9981 * (2. 3605)	14. 0779 * (6. 9873)	10. 2479 ** (4. 0503)	27. 0193 (25. 9898)
Obs	27	30	19	39	36
R^2	0. 4125	0. 5189	0. 6435	0. 5447	0. 4693

注：***、**、* 显著性为 1%、5% 和 10%，( ) 内为标准误。

第三节　乡村教育增权之路

本章利用人力资本理论分析了教育增权对于乡村旅游人力资本的发展及乡村旅游经济发展的影响。通过对紧邻秦始皇兵马俑的下河村与紧邻汉城湖景区的罗家寨的调研分析，我们发现了在乡村旅游发展过程中村民的自我教育意识、企业的技能培训与政府的基础教育对于社区居民旅游收入提高有重要作用，因此，在旅游的开发与经营管理过程中，中国乡村旅游发展中教育增权应当以家庭教育、企业培训与正规教育并行，结合正式教育与非正式教育、基础教育与实践教育相结合的方式，发展乡村旅游并提高乡村居民的收入水平，具体来说，有以下几点。

一、强化旅游开发区社区居民人力资本投资

社区居民的人力资本水平是社区居民在乡村开发中获得收入的主要来源之一，在乡村旅游未开发之前，社区居民仅通过“乡土社会”中祖辈传承下的劳动经验与社会技能生存下来，并衍生出乡村特有的生活风气与文化经验，在自给自足的农村经济当中，这些技能能够维持乡村居民的基本生存生活状态，而特有的民风与文化也仅是一种文化标识，不具有收益的可能；但在旅游开发后，市场交易制度逐渐瓦解了传统的自给自足经济，社区居民的生产生活经验必须去适应新的生产方式，而这些凝聚在社区居民之中的文化资本也成为旅游的吸引物之一，从而具有了收益的可能。乡村居民所依靠的自身能力和旅游文化资源都成为教育增权的目的。随着乡村旅游的开发，持有人力资本的居民必须认识到他们与外界的沟通能力，参与旅游的能力以及发展乡村文化能力的重要价值，并利用这些资本促进乡村旅游的发展，因此社区居民必须被赋予教育的权利，让他们明白自身的人力资本将成为发展乡村旅游，获得更高收益的重要途径之一，从而使自己参与到旅游开发之中，成为乡村旅游的经济主体。

乡村旅游的社区居民一旦拥有了人力资本并以此作为乡村旅游各方利益主体博弈的手段之一，就有了参与旅游发展并获得利益分配的权利，此时社区居民不会再被动地参与到乡村旅游的社区的决策当中，对于乡村旅游发展信息的了解使他们会更加慎重地对乡村旅游的资源使用，人员安排以及利益获得有了更高更合理的要求。这样不但

可以使乡村居民的收入水平提高，还因为有“真正了解乡村”的、与乡村资源“同生共死”的社区居民的决策参与而使乡村旅游的发展更具有独特的文化特征，社区居民的利益诉求被调动起来，从而激励他们参与乡村旅游项目的开发与管理，进而通过合理的收入分配机制获得相应的劳动收益，进一步调动乡村居民积极贡献“智慧”和创新保证乡村旅游可持续发展。相反，如果没有给乡村居民充足的教育增权，他们就可能永远隔绝在乡村旅游发展之外，不能够将自己的知识、技能等充分地发挥在乡村旅游当中，既不能获得相应收益，也不能参与到旅游发展之中，进而有可能限制乡村旅游的差异化发展以及因为旅游收益无法满足进而抵制乡村旅游，限制乡村旅游的进一步发展。

二、加强旅游企业的职业技能培训

在乡村旅游的发展过程中，多数旅游企业由于只在乡村地区招聘基层的服务人员，导致在招聘时并不心系员工的学历和素质，而在招聘后也只做简单的培训，缺乏系统性，导致基层的旅游服务人员的人力资本水平素质较低，流动性较高，从而带来较高的经营成本，不能够持续为企业带来高绩效；而旅游企业的管理人才往往是从乡村之外的地区招聘高人力资本水平的人才，他们拥有着丰富的学识与管理经验，但缺乏对乡村系统性的认识，一旦出现旅游规划当中的方向性差错，也将为企业带来较高的风险。因此，旅游企业应当在此之中权衡，即利用企业系统性的培训，包括从业者的普通话能力与外语能力、职业规范与管理理念等，从乡村社区居民之中储备高质量的人才，为员工的晋升提供合理的激励通道。

也仅有当旅游企业能够在“干中学”中培训高质量的社区居民时，他们才能够从旅游企业管理者的角度出发，立足于旅游行业的战略角度并结合自己土生土长的乡村，从经营层面提供乡村旅游发展的差异化经营战略，增强乡村旅游项目的竞争力水平。而且，由于社区居民在参与旅游企业经营之中获得过系统性的培训，也能够为其自已经营中打下良好的人力资本基础，从而在宏观层面上促进地区乡村旅游的经济发展。

三、需要加大对居民的基础教育投资

由于乡村旅游家庭教育的缺乏和企业利润导向性的战略目标，他们都不可能完全满足对社区居民教育增权的需求，仅仅依靠社区居民自身教育和企业培训也难以满足乡村旅游的快速发展，因此政府还是需要以学校的基础教育为主，从而满足当地居民培育人力资本的要求。在政府财力支持的情况下，通过普及社区居民的基础知识教育，以及适度地开设“导游”“景区开发与管理”“市场营销”以及“工艺品设计”等专业性较强的讲座，使社区居民意识到人力资本的重要作用，主动强化其自学的行为，从而达到事半功倍；而在政府财力不支的情况下，通过约束旅游企业的行为，激励其企业社会责任，例如，对于当地旅游企业在经营过程中对员工进行语言能力、服务礼仪以及管理理念进行培训的，应当提出嘉奖或者减免措施，并提供相应场地，鼓励它们对社区居民的培训；同时鼓励旅游志愿者来本村进行教育普及，提高社区居民的受教育意识，促进乡村旅游的发展。

第八章　中国乡村旅游化的破解机制之Ⅳ：社会增权

本章我们将利用社会资本这一概念构建乡村旅游发展下社区居民的动机和利益分配机制，回答在村民社会资源分配不均衡的情况下对于社区居民旅游参与收益分配的影响，从而回答了贫困社区居民如何通过社会增权实现乡村旅游水平的提高以及收入的变化。传统的关于社会增权的观点注重社区居民参与的行动行为，却忽略了由于社区居民本身社会资本的缺乏而无法获得收益，本章正是以社区居民“社会资本”为起点，分析了如何利用乡村居民社会资本从而达到社会增权的目的，进而带来居民收入的提高。这些有关社会资本和经济发展的研究为乡村旅游发展的分析提供了新的视角，本章将结合乡村旅游发展的实践经验，分析乡村旅游社会增权的演化过程和其对乡村旅游的影响，并借鉴前人已有的研究成果，从社会资本视角就乡村旅游发展中的社会增权进行探讨，为村民旅游发展以及社区居民的生存提供参考。

第一节　社会资本及社会增权

自布尔迪厄（Bourdieu）、科尔曼（Coleman）和普特南（Putnam）对于社会资本理论的开创性贡献之后，以“信任关系”“社会网络”为主的社会资本在诸多学科领域中展开，社会资本是一种嵌入社会的关系网络，通过在经济运行中的该网络，社区居民能够获得实际的以及潜在的资源总和从而获得收益。社会资本同时也是以信任为基础的互惠规范，社区居民基于特定的社会位置则能够获取社会网络中的社会资源从而获得收益，其原因在于社会资本中的信任与规范以及社会网络能够有效降低经济运行中的交易成本，从而提升了特定社会资本拥有者的收益。在乡村社区当中社会资本则表现在社区居民之间与社区外人之间的信任、规范以及社区居民参与社区活动与管理等。当社区内部拥有大量的社会资本时，就能够发挥社会资本的激励机制，从而影响社区内部个人与集体的经济行为，进而带来经济发展（李星群等，2009；李著，2012）。

对于社会资本，不同的学者有不同的定义，如普特南（1993）认为社会资本作为一种影响经济发展的重要因素，是特定社会组织表现的有别于其他组织的特征，这也决定了社会资本由信任、规范与社会网络等基本要素构成。奥斯特罗姆（1990）则认为社会资本是个人组成群体的互动模式，其核心要素在于：共享的知识、规范与规则、期望等；科尔曼则认为社会资本由信息网络、规范、惩罚机制以及期望等组成。厄普霍夫进一步将社会资本分为结构性社会资本与认知性社会资本，前者为人们提供社会生活的规则与规范，后者为人们提供了态度与信仰。大量学者对社会资本的内涵进行了研究，主要的内容如表 8.1 所示。

表 8.1　　学界关于社会资本的内容的研究

作者	范围	社会资本的主要内容
Stone Hughes（2002）	国家层面	公民美德、信任、规范、关系网络
Narayan and Cassidy		群体特征、普遍化规范、归属感、邻里联系、信任
林南（2000）		社会网络的规模、密度及其表现出的同质性与异质性，经济主体的社会地位、财富等
Kawachi（2004）		信任、参与社团组织、社会支持、互惠等、社会归属感
Guiso et al.（2008）		信任、自愿无偿献血率
世界银行	世界层面	横向社会资本（依据普特南）、纵向社会资本（依据科尔曼）、社会一体化和社会分裂、正式制度（依据诺斯）
世界价值观调查（WVS）		信任
边燕杰和丘海雄（2000）	中国层面	企业法人代表是否拥有广泛的社会网络关系，是否具有曾在上级主管部门任职的经历，是否具有跨行业工作经验或者曾在其他企业任领导职务
赵延东（2006）		信任与公共参与

续表

作者	范围	社会资本的主要内容
林聚任（2007）	中国层面	信任与安全感、社会风气与公共参与
裴志军（2010）		信任、规范、正式网络与非正式网络，共同愿景与社会支持
王亮（2006）		信任、互惠、合作关系
桂勇和黄桂荣（2006）		地方性社会网络、社区归属感、社区凝聚力、志愿主义、社区信任
张方华（2004）		纵向社会资本、横向社会资本和社会关系资本
林聚任（2005）等	中国农村层面	社会风气观、公共参与、处事之道、信任安全感和关系网络
胡涤非（2011）		信任、互惠规范和参与网络
裴志军（2011）		普遍信任、规范信任、正式网络、非正式网络、共同愿景与社会支持
谢治菊（2011）		信任、社会参与、互惠、共享、合作、社区归属感

注：笔者整理所得。

显然，不同的学者有不同的看法，但社会资本的核心仍然是基于社区组织内部的一系列制度因素。因此我们可以定义乡村社区中的社会资本，它是一种发生在乡村社区内部的社会资源的组合，通过与社会联系实现社区内部个人或组织的利益目标，在广大的乡村地区，这种社会资本集中表现在：社区信任、规范与道德准则、社会关系与网络以及社区参与当中，具体来说包括以下几种。

一、社区信任

信任是社区内部成员对他人或组织的行为或意识有信心，预期对方能够以公平合理的方式对待自己的行为，社区居民相信其他人与自己一样是信息的完全获得者，因而会依照自己的期望行动而不是发生机会主义与道德风险，由于他不需要花费大量的成本进行信息获取，从而降低了人们之间的交易成本，因此社区内信任水平越高，越有可能达成高效的协作。

二、共同的规范、准则和约束

这是社区内部一致认同的行为标准或制度规则，他们形成了一个社区内部的道德规范以及信仰等基本的价值体系，由于有共同的规范准则，表明社区内部成员的信息是完全信息，他们可以根据共同的规范、准则和约束与其对方的行为，从而达成高效的协作。

三、社会关系和网络

社会关系与社会网络包含社区内部成员之间的关系及其与其他组织之间的关系，由于这些关系的存在，致使行动双方会有一个稳定的预期，从而采取了相应的行动规则，在社会关系和网络之下，能够降低人与人之间、人与其他组织之间的交易成本。

四、社区参与

社区参与指社区居民参与社会公共事务的行为，在本章特指其参与旅游发展决策与规划的行为，包括居民对社区内部的婚丧嫁娶、村委会选举、旅游开发决策、旅游经济行为等。乡村旅游发展中的利益驱动是社区居民参与旅游开发与管理当中的重要原因，只有社区居民参与到乡村旅游发展规划之中，他才能够获得与企业、政府之间的全部信息，才可能减少机会主义与道德风险，以理性人的态度看待乡村旅游的发展，从而提高乡村旅游发展的效率。

综上所述，乡村之中的社会资本存在于社区共同体之中，并通过这些要素在相互交织影响中形成了社区内部的行为准则，协调着社区居民实现利益的经济行为。因此，乡村社区中的社会资本也是一种可获得收益的资源，通过对社会资本内部资源的使用可以为社区居民带来收益，能够提高社区集体行动的效率，从而使社区受益。从微观层面来看，社会资本包括共享的价值观、信任与信仰等，这些微观层面的社会资本使社区居民能够在市场交易中节约成本，从而提高经济效率；从宏观层面来看，社会资本包括社会阶层与关系网络以及社区参与等，这些互惠互利关系与社会参与共同提高社区运行的能力。

乡村旅游发展中的社区居民因为与乡村地区联系最强，他们往往以集体状态承受着旅游开发带来的正外部性与负外部性，对于个体的社区居民来说，社会资本的存在能够将整个乡村凝聚起来，从而协调经济主体之间的互相协作，因此社会资本较高的地区能够增强个人的信任、归属与认同，并提供与外部议价的能力，从而在社会资本运行的过程中建立起对权威的信任，从而更有利于促进乡村旅游的开发，而社会资本获得的主要方式就是赋予社区居民社会参与的权利，因此以社会增权提高社会资本存量成为一条非常重要之路。对于提高社会资本的社会增权主要包括：第一，对社区居民个人的增权，使他们得以与外界社会环境相融合；第二，人际关系的增权，通过提升人与人之间的信任与关系，提升个人获取社会资源的能力；第三，社会参与的增权，通过赋予社区居民社会参与决策的权利，提升他们表达自己利益要求与资源分配，争取到社区内部利益最大化的待遇。

第二节　研究假设：乡村旅游发展中社会资本对经济发展的影响

社区是拥有某些相互关系的共同文化维持的人类活动及活动区域，在乡村中，这些社区的共同联系即为血缘、亲缘以及地缘关系，它们共同维系了乡村居民社区生活的纽带。因此，从社区的含义来看，进入社区参与的乡村居民本身就已经拥有了一种区别于传统农村社会资本的现代社会资本，这些社会资本与乡村以及乡村居民的发展息息相关。如传统的乡村社会资本中“宗族”就会影响到村民之间权利分配与村民之间的互助与人情等（肖唐镖和王铭铭，2005），以及传统乡村社会资本中的其他关系对农村贫困与劳动力流转、乡村公共物品供给与管理等的影响。乡村旅游由于其有特殊的经济意义与背景，乡村社会资本蕴含了传统社区当中的以血缘、亲缘和地缘关系中的社会资本，同时由于外来旅游企业与社区旅游的加入，对乡村经济发展与乡村居民都形成了新的影响。

对于传统的社会资本，由于社区居民往往是基于宗族和地缘关系形成了非正式组织，在自给自足的小农经济状态下是可以发挥其优良作用的，但由于这种社会资本缺乏市场条件下的专业合作组织，只能在市场化的初期对于增强社区居民集体行动的能力从而带来粗放式的经济发展有一定作用。但当乡村旅游完全暴露于现代市场环境之下时，这种传统的以宗族、血缘为基础的社会资本由于人情关系的模糊与非正式化会导致道德风险，不利于市场交易的完成，由于契约精神的缺失也会使乡村旅游经营中的小农思想与分散经营的弊端显现出来，从而无法应对休闲时代下的新乡村旅游的挑战。如袁家村在打造“关中文化旅游”的同时就非常注意社会组织形态的社会资本培育，通过建立一些行业协会与村企合作模式，推动当地特色旅游的迅速发展。由于社会组织的形态超越了传统意义上的宗族纽带，这样，不同于传统乡村社区的社会资本，这种契约关系更具有主动性、流动性、平等式、多元性与网状结构等特征，并通过组织内部成员的关系强化、互惠共赢、社群认同、网络连接与扩大提升了成员的社会资本（何玲，2013），不但扩大了社会交易的网络也提高了交易效率，因此对旅游发展、居民收入与居民幸福感知都有重要影响。

一、社会资本与乡村旅游业发展

根据社会资本的定义，社会网络规模的大小在某种程度上体现了社会资本总量的大小，当社会网络的规模较大时，乡村旅游整个资源的功能就越强，因此社会资本从微观上保证了旅游业的发展与扩张。

从传统的乡村社会资本来看，以血缘、亲缘和地缘为主形成的社会网络是非常稳定且规模较小的社会网络，由于宗族之间的关系网络牢固，交易成本较低，在发展旅游产业的初期募集资金主要就靠的是该类朋友、亲戚间的社会网络，因而能够有效开展旅游业，但由于这种社会网络规模较小而且封闭，随着旅游业的发展，这种简单的传统社会资本必然会禁锢生产者的规模。于是需要进行以社区为单位的社会资本的增权，使原先封闭的社会网络形态产生一定的改变，保证乡村旅游中居民社会资本能够产生足够的正外部溢出效应，如通过现代通信媒体相互模仿、互动学习，使更多社区居民开始从事于更大网络规模的旅游创业之中，并且与旅游业上下产业链之间的各环节的社会资源形成更为广泛的网络关系，如关中文化的袁家村社区居民，在蔬菜种植、食品加工、餐饮以及表演等分工都比肩现代产业体系。这从侧面反映出社区居民社会关系网络的建构与延伸对于旅游产业链的重要影响，表现为旅游业上下游产业链的相互合作、旅游业态之间的合作经营、社区成员之间的信息共享以及社区成员与旅游业交互关系产生的知识溢出等。随着政府逐渐认识到乡村旅游业对于促进地区经济发展以及调整产业结构的重要意义下，政府作为社会增权的重要节点介入乡村社区居民的社会资本当中，通过在信贷以及扶植政策上的支持，扩大了乡村旅游地区的现代社会资本网络，从而实现降低社区居民的交易成本并带动知识溢出与资源共享，促进了乡村旅游在本地区的发展。

现代的社会资本虽然与传统的社会资本一样都是以信任、规范与关系网络形成的社会组织，但现代社会的社会资本不再禁锢在“血缘、亲缘以及地缘”上，而是以社会组织、契约等形式重构现代社会资本，将分散在社区内部的个体居民通过社会关系网络聚集在一起，形成合作组织进而在经济行为以及内部治理与外部决策当中发挥重要作用，促进旅游业组织结构的生成与演化（张伟明，2013），其对于乡村旅游开发与社区居民收入的提高有以下影响：

第一，社会资本通过促进社区居民之间的合作促进旅游发展。由于社会资本内部较强的信任规范与关系网络，使社区居民很容易对权威取得信任进而达成一致行动的逻辑，从而克服社区内部集体行动中出现“囚徒”困境，其原因在于社会资本能够促进社区居民、企业与政府之间信息的完全性流动，再造了这三者之间的信任关系，从而化解个人利益与集体利益的矛盾，通过使社区居民充分参与到乡村旅游发展中的决策与管理，使社区居民对于乡村旅游发展中的规划与利益分配信息有了完全的了解，居民不再只是盲目等待政府和企业的安排，而能够出于利益的追求自觉进行降低交易成本的行为，有效促进乡村旅游的发展和个人收入水平的提高。

第二，乡村社区内部形成的行为规范可以约束社区居民的行为，从而促进社区共同行为的发生，并通过社区内部的社会关系网络为社区居民参与旅游发展事业提供了一个集体行动的平台。这样由于有自发演进的规范约束了社区居民的不道德行为，改善当地的市场环境，从而营造一个良好乡村旅游发展秩序，此外，通过社区居民集体广泛的参与乡村社区公共事务的决策，使社区成员在解决问题时具有了一定的方式方法，为此后在争取个人与集体的利益分配，并参与旅游经营管理打下良好的基础，进而加快这种决策效率，使乡村旅游发展中的利益分配合情合理。因此，提出以下假说：

假说1：社会资本对居民乡村旅游发展具有正向影响，集中体现在其能够提高社区居民的旅游收入水平。

二、社会资本与居民旅游收入差距

第一，社会资本对居民收入差距的影响主要来自社会资本能够影响社区居民对旅游的参与程度。高度的信任与和谐的人际沟通能够对居民参与社区旅游产生正向的影响。这源于社会资本能够带来正的外部效应，降低交易成本，当一个旅游地区拥有丰富的社会资本时，能够更好地对当地进行资源配置从而使社区更好地参与到旅游当中，所有人都能够参与到当地社区旅游之中，由于产品提供种类丰富从而使该地旅游形成了良好的竞争性市场，在完全竞争性市场和垄断性竞争市场下，劳动者的收入主要依靠提供旅游物品的质量与特性，从而形成较为和谐的福利分配。国内有学者认为当社区内部的社会资本较高时，居民之间的关系较融洽，他们的信任度也很高从而促进了社区居民参与旅游发展与合作的程度；此外，还有学者通过对云南某村落的社会资本参与乡村旅游的研究发现，社会资本能够培育精英阶层提高社区内部的人力资本，进而促进了社区居民旅游参与的深度，从而带来收入分配差距的减少。

第二，社会资本能够通过社区居民的文化资本对社区参与旅游的劳动者施加影响。传统的以宗族维系的社会资本信息流通中效率损失较大，因此，拥有特殊文化资本的人往往是同一血脉、同一姓氏的劳动者，这使某些文化资本传承形成了严重的短缺，因而不利于劳动者收入的提高，然而现代社区参与下的社会资本，信息传递与流通中效率损失较小，文化资本的传承不但可以通过宗族，也可以通过模仿学习等现代手段，使社区旅游参与收益差距降低。同时，社会资本由于存在文化效应，因此还能转化成文化资本对社区居民的收入分配产生影响，由于文化是信仰、习俗等行为方式和规范的核心意识，其形态表现为社会规范、价值观以及习俗等，从而对社区内部的经济主体产生正向影响，降低他们之间的交易成本、提高他们的合作效率（李景海等，2010），有学者调查研究了杭州市周边的乡村旅游产业，由于地处传统农村地区，当地的乡土文化使其十分重视关系维系，并形成了共同的感情、道德与信仰，从而增强了社区居民与企业之间的信任与互惠合作，并有利于社区居民的分工协作，从而增强了在旅游收益分配中的议价能力。

第三，社区居民通过社区内社会资本提高旅游参与意识进而促进了其在旅游收益分配的议价能力。当社区内部社会资本提高时，能够改变居民参与旅游发展的意识，提高了其参与旅游发展的积极性，并由社区组织增强了其在旅游收益分配中的议价能力，从而对居民收入分配提供了良好的议价渠道。综上所述，得出假说2：

假说2：社会资本对居民旅游收入差距具有直接影响。

三、社会资本与社区居民幸福感知

社会资本中的信任、规范与社会关系网络能够促使社区居民达到共同利益而团结合作，并通过信息共享降低社区内部的道德风险与机会主义行为，因此社会资本不仅是乡村旅游发展中的制度支撑，也是维系社区成员、企业与政府之间的关系纽带，从而对乡村旅游发展的方向、效果与可持续性都具有重要作用。乡村旅游的发展依赖于社区居民、企业与政府之间的信任、互惠以及认同之上的精诚合作，这种合作是三方利益主体在其所持有资本下多次博弈的结果，它的形成必须依靠强有力的社会规范和共同的信念与价值观，从而在一定程度上可以提升社区居民的幸福感知和满意度，由于社会资本的存在，完备的信息和合理的议价能力使社区居民不再是“任人宰割”的被动者，而是成为参与乡村旅游开发的决策者和获利者，因而丰富的社会资本有利于解决乡村旅游发展中的信息不对称和议价能力不均，进而提升社区居民的幸福感知与满意度，因此，我们得出第三个假设：

假说3：社会资本对居民幸福感知具有直接影响。

第三节　研究设计

一、模型设定

为检验本章假设，我们构建计量模型（8.1）和模型（8.2），模型（8.1）用于检验乡村居民社会资本对居民旅游收入的影响，模型（8.2）检验乡村社会资本与居民旅游收入差距的影响。

$$lnY_{it} = \alpha_0 + \alpha_1 SC_{it} + \alpha_2 \sum_{i=1}^{n} Controls_{it} + \theta_i + \xi_{it} \quad (8.1)$$

$$I_{it} = \beta_0 + \beta_1 SC_{it} + \beta_2 \sum_{i=1}^{n} Controls_{it} + \theta_i + \xi_{it} \quad (8.2)$$

其中，lnY_{it}代表居民年个人旅游收入的对数值，SC 为个人社会资本，$Controls_{it}$代表乡村居民的个人特质作为控制变量，包括性别、年龄、年龄的平方、民族以及征地情况。θ_i代表区域的固定效应，ξ_{it}是误差项。

与模型（8.1）相同，在模型（8.2）中，I_{it}代表地区居民旅游收入差距，SC 为个人社会资本，$Controls_{it}$代表一系列控制变量 θ_i代表区域的固定效应，ξ_{it}是误差项。

二、数据来源与样本描述

本书数据来源于中国综合社会调查（CGSS）2011 年与 2018 年的数据，考虑本书的研究主题，仅选取样本中从事行业为旅游业与餐饮业的家庭，经过筛选共有 1484 个样本且在 29 个省区市均有分布，符合实证研究要求。

对于社区社会资本的测度，我们采用中国社会综合调查 CGSS（2011 年与 2018 年）从事乡村旅游业的人员关于信任与社会态度的量表，此量表由居民进行自我评价，示例问题包括“过去一年，您对以下媒体的使用情况（A28）”“请问您与邻居进行社交娱乐活动（A31）”“总的来说，您同不同意在这个社会上，绝大多数人都是可以信任的（A33）”等问题，本书中该量表的信度系数为0.75，表明该量表具有较好的信度，样本的描述性统计如表8.2所示。

表8.2　样本描述性统计

一级指标	二级指标	衡量题目	Obs	Mean	Std. Dev.	Min	Max
旅游收益	居民旅游收入	您家2012年全年家庭总收入是多少？	826	10.80	0.79	8.29	14.00
	居民旅游收入差距	在下列各种社会问题中，您认为最先需要解决的问题是什么？	827	0.39	0.06	0.26	0.49
	居民幸福感知	总的来说，您觉得您的生活是否幸福？	1484	4.73	0.82	1.00	7.00
社会资本	社区信任	总的来说，您同不同意在这个社会上，绝大多数人都是可以信任的？	1484	3.19	1.05	1.00	5.00
	规范与道德准则	您是否同意以下陈述：“我很难选择应该遵循什么准则。”	1484	3.67	1.87	1.00	5.00
	社会关系与网络	您认为您自己目前在哪个等级上？注意：“10”分代表最顶层，“1”分代表最底层	1484	6.38	1.76	1.00	12.00
		过去一年，您对以下媒体的使用情况	1484	3.19	1.05	1.00	7.00
		您在最近三个月内采取过以下哪些方式寻找工作？	1484	3.91	1.06	1.00	7.00
	社区参与	上次居委会选举/村委会选举，您是否参加了投票？	1484	0.31	0.46	1.00	3.00
		请问您是不是工会会员？	1484	1.07	0.26	1.00	3.00

依据前面对于社会资本要素的研究，并通过 CGSS（2011）与 CGSS（2018）农村社会资本的调研数据，可以发现乡村旅游总社会资本的变迁历程：即从传统的社会资本逐渐演变为现代市场经济下的社会资本，传统的社会资本主要指基于“血缘、亲缘以及地缘”的社会资本，其范围较小，作用强度较低；而现代社会资本则是基本传统社会资本与现代组织社会资本的结合，其范围较大，作用强度较高，具体比较见表 8.3，依据这些数据，可以发现乡村社会资本的演化过程如下：

表 8.3　乡村旅游社区社会资本的变迁（2011 年与 2018 年）

社会资本特征	传统乡村社会资本（2011 年）	乡村旅游社会资本（2018 年）	社区参与下的乡村旅游社会资本
信任关系纽带	血缘关系 人情，来往	血缘关系与组织关系并存	组织关系
信任关系强度	强	弱	强
交易成本	规模小，交易成本较大	规模一般，交易成本较低	规模较大，交易成本较低
行为主体	村民为主	村民为主，组织关系出现	组织主导下的村民个体
社区参与度	较低	较低	较高

第一，传统社会关系没落，组织化关系加强。传统的社会资本其核心在于“家族主义”——以血缘、亲缘为主的家文化，从而决定了中国乡村以“家”和“人情”为主的价值观体系与社会交往模式。受传统观念的影响，对于乡村居民而言，往往将人情、面子以及权力作为衡量社会资本的主要指标，可以看出在乡村社会资本在经济主体之间具有较强的同质性。而随着市场经济的发展，尤其是在现代外来文化观念冲击下，乡村地区的血缘关系在逐渐减弱，传统的习俗也在渐渐被现代市场经济的契约精神所代替，致使人情、面子以及权力在乡村居民社会资本的权重在逐渐下降，而是否在村委会任职或者社区

正式制度的形成在乡村居民社会资本构成中的比重在逐渐上升，而且对旅游和社区经济发展的作用也愈加突出。第二，社会网络的复杂化。在现代信息技术快速发展的背景下，经济主体之间的交流与沟通受地域空间和时间的影响愈加微弱，同时对传统乡村居民的生产和生活网络产生了巨大影响，尤其是在城市化、信息化背景下，传统以家长制、威权体系的社会资本在经济发展影响比重下降，而且随着法人治理的逐渐完善，依靠家庭的社会资本逐渐被各种组织模式所代替，社会网络关系更加复杂。第三，社会资本的关注度在不断上升，利用效率逐步增加。传统的社会资本中的社会网络主要基于家庭，相对简单，因此作用效果相对较弱；而现代乡村社会资本由于行为主体过多，社会关系网络更加复杂，其作用于市场经济之中，因此作用效果强，投资风险较大，社区参与程度将逐渐提高。第四，随着外部组织的出现与合作，正式组织逐渐深入社会资本之中。传统意义上的乡村是一个个体分散的小农经济，其发展规模较小，而随着市场机制的深入，现代组织形式代替了个体分散的小农经济，形成了复杂网络体系，社区居民在组织的领导下参与乡村旅游的发展，逐渐转变为现代市场经济下的经济主体。

三、实证结果分析

对社会资本各个方面的要素影响乡村居民旅游收入进行 OLS 回归，估计结果见表 8.4，在控制了个体效应与控制变量后，社区居民的相互信任对于居民收入的影响显著为正，说明信任对居民旅游收入具有显著的正向影响，相关系数为 0.0378，表明信任每上升 1%，将会带来收入 0.0378% 的增加，社区内的相互信任是非常重要的社会资本。在社会网络当中，使用社交媒体频率与社会等级也与收入呈现显著的正相关关系，利用社交媒体进行信息搜寻极大地降低了搜寻成本，从而促使乡村居民更好地进行旅游工作与经营；社会道德准则与居民收入的影响系数为0.0032，表明越明确道德规范与准则，越能够规范个人经济行为与非经济行为，从而促使居民旅游收入的提高。值得注意的是，旅游的社区参与对于居民旅游收入的影响并不显著，可能的原因在于我国大部分乡村旅游仍处于传统的乡村社会资本模式，依然处于单个零散的经营方式，从而弱化了社区参与对于旅游竞争的正向影响。

表8.4　　乡村居民社会资本对居民收入的影响

被解释变量	lnY						
解释变量	1	2	3	4	5	6	7
Trust	0.0378*** (0.0065)		—				0.0473*** (0.0277)
Media		0.0887*** (0.0228)					0.0661*** (0.0226)
Standard			0.0032* (0.0012)				-0.0439*** (0.0281)
Class				0.1058*** (0.0159)			0.0998 (0.0162)
Vote					-0.0593 (0.0621)		-0.0633*** (0.0608)
community						0.1091 (0.0976)	0.0824*** (0.0956)
Controls	是	是	是	是	是	是	是
个体效应	是	是	是	是	是	是	是
Cons	10.7512*** (0.1501)	10.7571*** (0.1316)	10.8453*** (0.1658)	10.1023*** (0.1700)	10.8712*** (0.1310)	10.7533*** (0.1603)	10.0413*** (0.2111)
Obs	780	780	780	780	780	780	780
R^2	0.2193	0.3830	0.2745	0.3380	0.428	0.4171	0.5110

注：*、**、***分别表示在10%、5%、1%水平上显著。

为了进一步分析社会资本对于居民收入差距的影响，我们使用社会资本的各方面影响因素对居民收入差距进行OLS回归，估计结果见表8.5。与表8.4基本一致，社会资本的信任、社会规范与道德、社会网络等均对居民的收入差距形成了显著的正向影响，可能的原因在于社会资本也是稀缺资源，能够产生收益，当部分社区居民拥有社会资本时形成了部分人对于资源的拥有，从而拉大收入差距；另一种可能的解释在于，社会资本对于居民收入差距的影响可能是非线性的，面对日益快速发展的中国经济，很可能存在社会资本与居民收入差距的倒“U”形曲线，因此，我们在表 8.6 中还估计了乡村居民社会资本对于居民收入差距平方项的影响。从表 8.6 的结果来看，估计系数显著为负，表明确实存在社会资本与城乡居民收入差距的倒“U”形曲线，因而培育乡村居民的社会资本以及对乡村居民进行社会增权非常有必要。

表 8.5　　乡村居民社会资本对居民收入差距的影响

被解释变量	I						
解释变量	1	2	3	4	5	6	7
Trust	0. 0030*** (0. 0001)		—				0. 0026*** (0. 0003)
Media		0. 0019* (0. 0009)					0. 0003*** (0. 0001)
Standard			0. 0019*** (0. 0001)				0. 0004* (0. 0002)
Class				0. 0025** (0. 0013)			0. 0022*** (0. 0003)
Vote					-0. 0011 (0. 0050)		-0. 0025 (0. 0051)
community						0. 0175** (0. 0079)	0. 0173** (0. 0080)
Controls	是	是	是	是	是	是	是
个体效应	是	是	是	是	是	是	是
Cons	0. 3869*** (0. 0121)	0. 3942*** (0. 0107)	0. 3880*** (0. 0134)	0. 3774*** (0. 0141)	0. 3956*** (0. 0106)	0. 3785*** (0. 0129)	0. 3542*** (0. 0176)
Obs	780	780	780	780	780	780	780
R^2	0. 5802	0. 5593	0. 5622	0. 601	0. 5576	0. 6170	0. 6800

注：*、**、*** 分别表示在 10%、5%、1% 水平上显著。

表 8.6　乡村居民社会资本对居民收入差距平方项的影响

被解释变量	I^2						
解释变量	1	2	3	4	5	6	7
Trust	-0.0020*** (0.0006)		—				-0.0017*** (0.0007)
Media		-0.0006*** (0.0002)					-0.0001*** (0.0000)
Standard			-0.0014** (0.0005)				-0.0004*** (0.0001)
Class				-0.0018** (0.0006)			-0.0016*** (0.0004)
Vote					-0.0012 (0.0038)		-0.0024 (0.0039)
community						0.0136** (0.0060)	0.0136** (0.0061)
Controls	是	是	是	是	是	是	是
个体效应	是	是	是	是	是	是	是
Cons	0.1548*** (0.0093)	0.1597*** (0.0082)	0.1550*** (0.0102)	0.1474*** (0.0108)	0.1606*** (0.0081)	0.1473*** (0.0099)	0.1300*** (0.0134)
Obs	780	780	780	780	780	780	780
R^2	0.6192	0.6030	0.6102	0.6417	0.6021	0.6632	0.7195

注：*、**、*** 分别表示在 10%、5%、1% 水平上显著。

最后，我们分析乡村居民社会资本对于居民幸福感知的影响，利用乡村居民社会资本的各个影响因素对乡村居民的幸福感进行回归，估计结果见表 8.7，社会资本的信任、社会规范与道德、社会网络、社区参与等均对居民的幸福感知形成了显著的正向影响，说明我国乡村居民对于社会道德准则和人与人之间的关系是非常看重的，对于广大乡村居民来说，幸福的意义不仅在于收入的提高与收入分配的合理性，更重要的是对于社会信息的透明获取，能够参与到本村的旅游经济开发建设中，对于乡村居民主体来说是非常有益的。

表 8.7　　　乡村居民社会资本对居民幸福感知的影响

被解释变量	Happy						
解释变量	1	2	3	4	5	6	7
Trust	0.1826*** (0.0266)		—				0.1105*** (0.0273)
Media		0.0588*** (0.0236)					0.0319*** (0.0022)
Standard			0.2418*** (0.0261)				0.1809** (0.0276)
Class				0.1040*** (0.0164)			0.0819*** (0.0159)
Vote					0.0944*** (0.0241)		0.1266* (0.0598)
community						0.0269*** (0.0010)	0.0758*** (0.0241)
Controls	是	是	是	是	是	是	是
个体效应	是	是	是	是	是	是	是
Cons	4.2365*** (0.15067)	4.6841*** (0.1367)	3.8189*** (0.1625)	4.0079*** (0.1760)	4.7295*** (0.1352)	4.7767*** (0.1657)	3.1652*** (0.2077)
Obs	780	780	780	780	780	780	780
R^2	0.5818	0.3361	0.6236	0.5739	0.4280	0.4259	0.6788

注：*、**、***分别表示在10%、5%、1%水平上显著。

第四节　乡村社会增权的路径

本章基于中国综合社会调查（CGSS）数据中的乡村旅游部分，研究了社区内部社会资本的内涵，即社会增权对于乡村旅游提高居民收入、提升社区居民幸福感知以及降低居民收入差距的理论意义与实践检验，乡村社会资本集中表现在社区信任、规范与道德准则、社会关系与网络以及社区参与当中，高水平的社会资本有助于社区居民降低交易成本，从而促进乡村旅游经济发展，并且我们从数据当中发现了中国乡村社会资本从传统“家文化”为主的社会资本正向现代组织形式下的社会资本演变，社会增权在其中起到了非常重要的作用，因此，为了提高居民社会资本，实现乡村旅游与居民收入的和谐发展，应通过社会增权培育社会资本。

一、以信任为基础构建互惠关系网络

推动乡村旅游发展，应当通过信任机制降低运行成本，培养社会资本。因此，政府应当强化自身与其他经济主体的信用水平，通过完善监督体系与政府政务信息公开，使乡村旅游中的经济主体有良好的预期，并推动企业诚信建设，处理好利润最大化与履行企业社会责任的关系，同时，发挥社区居民之间的互帮互助与诚信建设，建立社区居民、企业与政府三者之间的互惠关系网络。

二、以社会网络资源谋求发展

在乡村旅游发展中应当建立起对社区居民的“以政府为主导、市场为主题、各方社会力量参与”的社会资本支持体系，从而通过整合社会网络资源促进社区居民收入的提高。一方面金融机构应当结合乡村旅游发展特色，推出符合社区居民需求的小额贷款、金融保险等产品，鼓励他们参与到社区旅游之中；针对留守的妇女、儿童、老人等弱势群体，应当为其开展社会帮助，鼓励他们在乡村旅游网络当中获得收入。另一方面，通过建立乡村旅游发展的完备信息网络与智库，使社区居民对乡村旅游发展有充分的认识，并通过鼓励引进精英人才创业与实习，凭借他们丰富的知识与经验发挥带动乡村旅游发展。

三、鼓励社区居民参与到乡村旅游当中

对于企业来说，政府应当通过鼓励企业雇用社区居民，引导乡村居民参与旅游开发活动，使其获得收益；对于社区居民来说，通过参与到乡村旅游当中，使社区居民能够以土地、山林等生产资源参股参与到旅游经营开发之中并获取收益。此外，政府应当通过先进的网络技术建立社区参与乡村旅游的平台，利用微信营销等方式使乡村旅游的景区和产品被人熟知，构建新时代下的居民参与旅游发展的新模式。

第九章　袁家村民俗旅游：一个增权框架下的案例分析

陕西省礼泉县袁家村是陕西省民俗文化旅游发展的典范，也是近年来我国发展民俗旅游的成功标志，“袁家村”品牌的树立更是彰显了陕西民俗文化的独特魅力，在袁家村成功之后，全省范围内更是涌现出了一批以民俗文化为核心内涵的旅游区。本章在文献研究和实地调研的基础上，通过对袁家村的发展历程、特征演变的过程分析，从旅游增权的框架出发对袁家村的旅游发展进行研究，从制度保障、文化品牌、教育保障以及社会网络四个方面对袁家村的发展进行阐述。

第一节　袁家村的典型特征描述

一、袁家村的基本简介

袁家村是位于陕西省咸阳市礼泉县以北的普通小山村，属于九嵕山南麓的山区，面积0.5平方公里，海拔2000米，年平均气温24℃，年降水量850毫米，适宜种植玉米、薯类等农作物。袁家村风景优美，交通便利，距离西安市仅78公里，从西安、咸阳等地通往袁家村的大巴无论在哪个汽车站发车车次均能满足游客的需要，所以消费者既可以选择乘坐大巴也可以选择“自驾”等方式，前往袁家村旅游；袁家村是陕西省美丽乡村建设的一个成功典范，也是闻名全国的“北方旅游第一村”。其先后获评全国生态示范村、中国最具魅力休闲乡村、国家特色景观旅游名村、中国十大美丽乡村、中国十佳小康村、国家4A级景区等殊荣。

袁家村以发展民俗旅游为主线，整体村落规划古香古色，通过建筑展示陕西地区的风土人情，并为游客提供陕西关中地区的风味小吃，家家主营的就是家常便饭、野菜、粗粮，经过多年发展，袁家村旅游经济状况稳步提升，2016年共接待国内外游客400万人次以上，实现旅游综合收入2.5亿元，村民人均收入达到67000元（数据来源：袁家村调研数据）。而在20世纪70年代以前，袁家村还只是一个礼泉县的贫困村。

二、样本调研过程

在针对袁家村展开研究的过程中，本书采用质性研究的方法，多渠道地收集资料，与袁家村不同社会角色进行互动，使用归纳分析法对原始资料进行分析，以期对袁家村发展的现状进行深入分析。

2016年7月至2019年12月，课题组曾先后5次到袁家村进行调研，与礼泉县旅游局、袁家村旅游管委会以及部分接待户和游客进行交流，并通过文献梳理探究袁家村在旅游增权方面的工作进展和成就。

三、袁家村社区经济发展历程

袁家村在积极发展旅游业之前，是礼泉县出了名的贫困村。在20世纪70年代以前的人民公社时期，袁家村全村37户人，大多居住在破旧低矮的土坯房、地坑窑里，通过大力发展旅游业，袁家村现在已经成为陕西省，乃至全国知名的民俗旅游目的地。纵观袁家村经济发展的路线，可以将袁家村的经济发展分为三个阶段。

第一阶段，积极探索时期。党的十一届三中全会以后，即改革开放初期，由村支书郭裕禄带领全村村民，经过积极探索，结合当地经济和社会环境，联合当地村民开办工业企业，试图通过发展经济实现集体奔小康。于是袁家村开始大力发展村办企业，加快工业化进程，先后建成了白灰窑、砖瓦窑、水泥预制厂、硅铁厂、印刷厂、海绵厂等一批村办企业，成立了汽车运输队和建筑队，办起了商业服务部。大力发展运输、服务、房地产、影视等产业，实现了从农业稳村向工业富村的华丽转型。

第二阶段，发展徘徊时期。2000 年以后，随着国家产业布局的调整，以及市场化竞争产生的冲击，致使村办企业在规模和技术“瓶颈”约束下，其发展陷入了徘徊阶段，村上一度找不到发展的新路径，乡村经济一度出现了衰退的迹象。

第三阶段，民俗旅游发展时期。2007 年，袁家村人快速响应县委、县政府大力发展乡村旅游的战略决策，村两委会先后多次组织群众代表赴宝鸡岐山、四川成都、云南丽江等地学习取经，并通过媒体发出“27 万买点子”的邀请，多方寻求三次创业的途径。经过反复抉择，村上决定依托得天独厚的人文资源优势，大力发展乡村民俗旅游。经过多年的不懈努力，成功打造了“关中印象体验地”这一特色旅游品牌，袁家村的旅游发展也从传统的“农家乐”旅游转向“乡村休闲度假基地”，并在 2015 年将“关中印象体验地”这一品牌引入西安的各大商圈，更进一步扩大袁家村的影响力。

在推进三次产业融合发展过程中，袁家村坚持以创新经营方式激发活力，提高效益，做大品牌。一是坚持放水养鱼与借力发展相结合。秉承“先做强再做大”的经营理念，在发展乡村旅游起步阶段，对所有手工作坊、特色小吃的经营户免收房屋、摊位、厂地租赁费用，让经营者放下包袱，轻装上阵，一门心思做大做强关中特色小吃。二是坚持农户经营与协会组织相结合。围绕乡村旅游和民俗特色，一方面从农家乐到特色小吃，从手工作坊到手工艺品，从茶馆酒吧到乡村客栈，都由农户自主经营，让游客体验到传统民俗文化的“返璞归真”；另一方面，通过成立小吃协会、农家乐协会、回民食品协会、酒吧协会和手工作坊协会，对经营户进行规范、监督和管理，确保农户经营更高效、更规范。三是坚持封闭运营与过程公开相结合。袁家村乡村旅游特色餐饮项目采取公司化运营的方式，由袁家村关中印象体验地有限公司进行封闭式管理，食品原料由公司集中采购，经营户所需食品原料由公司统一供应。四是坚持市场化运作与差异化经营相结合。袁家村始终坚持以市场为导向，围绕市场做品牌、做销售、做民俗，将话语权和评价权交给旅客和消费者，倒逼经营户树立市场意识，用市场的方法改进经营方式，提升服务品质，做强旅游品牌。

经过多年的努力，袁家村现有人口 400 多人，村资产已达到 1 亿多元，村民的生活有了极大的改善，之前的土坯房变成小洋楼，人均住房面积达到 52 平方米。在带领乡村居民经济收入不断提高的同时，袁家村领导者仍不断积极学习探索，创新发展理念，紧密结合党和国家发展战略的调整，从生态文明建设和乡村经济发展角度出发，结合袁家村特色文化和资源环境禀赋，将袁家村打造成环保、绿色的旅游目的地，创建民俗、民风体验地，使袁家村成为乡村旅游经济发展的典型代表。

第二节　增权视角下袁家村民俗旅游的发展现状

一、袁家村旅游发展的制度增权表现

基于对制度增权的理解，本书认为在增权视角下分析旅游发展的重点不仅仅是旅游为社区或者某一地区较高的、持续的经济收益，其重点应该是这一收益最终是被分享的，以及这一收益对当地居民生活水平的改善。从这一角度来分析，在袁家村发展民俗旅游的 10 多年过程中，不仅当地政府的旅游收入十分可观，当地村民的生活水平有了明显的改善，村民的经济收入也有很大提高。经过实地调研以及通过与袁家村部分管理人员访谈，本书发现袁家村在发展过程中其利益分配制度是保证其收益实现的基础。

在发展民俗旅游这一核心理念下，袁家村人在发展之初就以建立关中民俗旅游品牌为目标，在发展过程中坚持以合作促共赢，进而搭建合作平台。这看似简单的合作促共赢，是通过四位一体的合作方式

来实现的，具体包括户社合作、户企合作、村企合作以及村社合作。在这四位一体的合作中，每个利益相关方都能够明确自身在合作中所处的位置以及如何分享最终的经济收益。具体而言，这四种合作的模式是：

一是户社合作。户：是特色小吃经营户；社：是特色小吃合作社。袁家村成立了特色小吃合作社，让100多户特色小吃经营户以股份制的方式入股合作社，经营户在取得经营收入的基础上，合作社年底再进行“二次分红”，将100多户小吃经营户打造成利益共同体。

二是户企合作。户企合作强调对于特色小吃的企业化经营，以企业化的经营方式，着眼于提升乡村旅游餐饮业的经济效益，对豆腐、酿醋、辣椒等8家原材料加工型作坊进行工厂化改造，提高运行效益，并以企业化方式进行股份制合作经营。

三是村企合作。村企合作是利用袁家村这一品牌来吸引更多的知名企业，着眼于拓展乡村旅游业发展空间，依靠袁家村形成庞大的人流、客流和消费群体，吸引省内外知名企业设立直销点，德懋恭水晶饼、红星软香酥、陕十叁、淘宝电子商务等名企名店入驻袁家村，积极招引温泉度假、必捷滑雪、大唐地宫等一批旅游服务配套产品，特别是西安回民街的落户和袁家村西安赛格店的建成，进一步提升和丰富了袁家村的经营特色，实现了“你赚钱，我发展”的双赢效果。

四是村社合作。村社合作又将合作的重点回归袁家村自身的竞争力，着眼于发展壮大集体经济，通过组建各类专业合作社，以集体房屋、土地等固定资产入股的方式，参与辣椒、酸奶、酿醋、豆腐、粉条、菜籽油、小吃街，以及农业公司、运输公司等合作社的分红，壮大集体经济实力。

二、袁家村旅游发展的文化增权与教育增权表现

袁家村在近年来的旅游发展中，逐步形成“关中印象体验地”

的品牌，所谓关中印象体验，是在青砖灰瓦的仿古街道中突出关中民间生活和传统的特色作坊，从油坊、醋坊、豆腐坊到关中特色小吃都营造出关中特色风情的氛围。因此“关中印象体验地”的实质就是以发展关中民俗风情为主要内涵的，与民族村寨旅游并不完全相同，但从旅游的文化增权来分析，两者又有共性。对于袁家村居民来说，其关中文化体验的特性一方面能够给游客带来极大的满足，另一方面当地居民也有较高的成就感，从而更有力地促进居民参与民俗旅游的积极性。在本书多次对袁家村进行调研的过程中，通过与不同的特色小吃经营户和袁家村居民进行访谈，类似“看到游客爱吃我们家的凉皮，感到很开心”“哎呀，大家来了不仅自己买着吃，还给亲戚朋友都往回带，额心理高兴地很!”“好多小娃都围着我们看，感觉能把这些东西传下来，好得很”“不仅咱中国人喜欢，好多老外也来我们这”这样的语言描述，都展现出深深地自豪。

袁家村在旅游发展中重点是关中民俗风情的体验，与文化遗产地社区最大的区别在于表现形式的不同，民俗风情在旅游发展中是外放式的，不仅需要当地居民的参与更需要当地居民的演绎，通过实地、实景展现和宣传本地的文化、风情，这种宣传的过程需要居民的倾情参与，也正因为如此，在袁家村旅游发展历程中，宏观的决策权由政府部门制定的相关政策和发展规划来实现，微观的决策权则由袁家村的户、社、村实现。较为突出的是在旅游发展的管理中，村委会所处的角色，并不是旅游经济收益的获取方，而是服务的主导方，村委会下设管理公司以及各种协会，包括农家乐协会、小吃街协会、酒吧街协会等，不同协会的成员均由商户推选产生，协会成员义务为协会服务。为了保证给游客提供全面的旅游体验，袁家村在管理过程中实行补贴制度，在不同的协会中，有部分协会的运营是始终处于亏损状态，对于这种情况，村委会协调协会之间进行补贴，以优势产业补足劣势产业，自上而下地发动全民参与经营、参与管理。

三、袁家村旅游发展的社会增权表现

旅游增权视角下的社会增权是指随着当地旅游业的发展，该地区经济主体以及社区组织之间的社会平衡度逐步得到提高的过程。通过个人和集体共同建立旅游企业并为该企业的发展共同努力时，利用获取的部分受益，反作用于推动本社区或地区的社会发展，从而促进该地区或者社区的总效益提高，如改善当地基础设施，提高社会总福利。曾有国外学者针对社会增权进行研究并发现社会增权对于社区的集体主义精神有显著作用，我国学者郭文（2010）也曾针对云南香格里拉地区的旅游增权进行研究，并发现居民参与旅游，在某种程度上有助于当地的稳定以及民族团结。

袁家村民地处关中地区，民族结构单一且政治经济发展较为稳定，与在多民族地区或偏远地区不同的是不存在民族文化冲突或社会发展不均衡而造成的动荡及安全问题。因此，在针对袁家村的社会增权方面的分析，本书从其公共管理的角度进行阐述。这一角度重点分析袁家村在旅游发展过程中与当地政府之间的合作模式。通过本书多次调研发现袁家村在发展过程中，与礼泉县级政府保持着密切的联系，开创了县级派驻、村级管理、专业公司配合、农民协会和专业合作社参与的四级管理模式。为了更好地加强对于旅游市场的引导和管理，礼泉县先后成立了礼泉县旅游服务中心和文物旅游稽查大队，附设了旅游质量监督所和旅游投诉受理中心。同时也成立了袁家村景区管理委员会，景区管委会办公室配合袁家村景区做好规划、招商、建设、接待服务等工作；为了适应礼泉县旅游发展的需要，及时成立了礼泉县旅游发展委员会、文物旅游警察大队、旅游法庭和旅游市场监管分局等机构。这些都在客观上为袁家村民俗旅游产业的持续健康发展提供了保障。这四级管理模式兼顾袁家村在发展过程中的不同权利主体。其中，礼泉县驻袁家景区综合服务办公室，是抽调工商、卫生、交警、食药、旅游、公安、消防、烟霞镇等相关部门的12名同志，进一步夯实细化职责，常驻村上开展工作；村级管理这一层面主要依托党支部和村委会班子成员，各成员分工协作，抓好景区管理；袁家旅游管理服务公司专门负责对外营销和服务提升；在组建3个农民协会（小吃街、农家乐和酒吧街）和8个专业合作社（油坊、豆腐坊、辣子、酸奶、粉条、面、醋、醪糟）实行自治管理的同时，针对业态发展及时成立新的组织，负责各自行业的安全、食品卫生自查，环境卫生保洁及服务监督。四级组织分工负责、相互配合。这些均全面提升了袁家景区综合管理服务水平。

第三节 袁家村民俗旅游增权的路径与方式

传统学者在研究旅游增权时，主要是从经济、心理、社会、政治等维度展开分析，但如果仅从这四个方面的增权来考虑增权的具体实施路径，增权显得过于空泛和宏观。因此，当前国内外学者在探究旅游增权的具体方式时，主要是从制度、信息和教育三个方面进行阐释，这三种增权方式在国内外的应用因文化社会环境、地理资源环境的差异又有所区别，由于国外产权私有化带来的产权意识明确，增权路径主要集中在教育增权和信息增权两个方面上；而这对于国内的现实情境下，教育增权和信息增权必须在制度增权的前提下发挥更大的作用。王成超（2011）提出农村社区旅游增权的内容，除了包含信息增权与教育增权这两个方面内容之外，乡村居民在正式与非正式制度以及农村民主政治制度建设方面的增权也会对乡村旅游业的发展产生重要影响。因此，在论述有关袁家村民俗旅游增权路径的研究中，本章首先关注制度增权的问题。

一、制度增权的路径与方式

王会战（2015）认为制度增权是实现社区居民参与旅游发展的

基础保障。这一观点在国外学者的研究成果中也有体现，Sofield（2003）认为在旅游发展中社区居民与其他利益相关者之间的权利是不平衡的，只有通过制度对这一不平衡的关系进行调和才能保障居民参与旅游发展的权利。我国也有学者对这一观点进行补充，左冰等（2008）提出通过制度增权将权利不均衡的利益相关者之间的力量进行重新配置，借助第三方确保各种权力关系能够推动旅游发展的常态化和制度化。王会战（2015）针对兵马俑景区周边社区居民的旅游增权情况进行研究后发现，少部分村民对当地政治结构较为认可，认为自己参与了旅游发展的决策过程。

袁家村以县级派驻、村级管理、专业公司配合、农民协会和专业合作社参与的四级管理模式的构建为村民自治提供了基本保障，能够确保袁家村旅游业的可持续发展，但在居民依靠自身力量解决旅游发展、传承、保护等方面的作用依然有限，因此政府的有效介入对维持袁家村旅游发展、招商引资以及品牌推广方面能发挥重要作用。通过对袁家村旅游的调查发现，袁家村民俗旅游的制度构建可按照居民参与的强弱分为自发性制度和强制性制度。所谓自发性制度是指由居民自治和居民参与度较高的规范，如利益分配制度、市场交易制度；强制性制度即为由政府部门或旅游管理部分颁发确立的带有强制性的准则，如在传统文化和环境卫生制度、社区公共管理制度以及袁家村的整体发展规划等方面。

袁家村民俗旅游发展秉承“由内而外”的自发性制度和“由外而内”的强制性制度相结合共同发挥制度的保障作用，为旅游增权提供更好的基础。各种管理制度的相继出台，一方面规范了袁家村旅游市场的秩序，另一方面保障游客权利。理论与袁家村旅游的实践证明，制度增权为旅游增权方式提供基础保障。

二、教育增权的路径与方式

旅游业的发展对旅游服务要求越来越高，随着游客水平的不断提高，游客对旅游从业人员的专业技能、专业素养的要求也更为严格和挑剔。因此一味地原地徘徊必然会导致游客的流失。孙九霞（2009）就曾提出，针对社区居民的教育、培训应促使社区居民更好地了解本社区的文化、传统的内涵及其与旅游发展的关系，更好地理解自身在旅游发展中的作用，并根据社区居民自身的特征来参与旅游发展。陈志永等（2013）在对朗德苗寨的旅游增权研究中，发现通过教育和培训，朗德苗寨的旅游接待和经营技能都有明显提升，旅游业可持续发展意识持续增强。王会战（2015）在对兵马俑景区周边调研的过程中发现，大部分社区居民对旅游教育和培训有较高的诉求，在其调研中 65. 6% 的社区居民都有参与教育和培训的意愿。

袁家村在发展旅游的过程中，始终重视对村民的教育和培训，通过调研发现在对村民的教育与培训，主要包括三个途径：一是加大行业培训。积极联系省、市旅游部门和职业院校，邀请旅游方面的知名专家和技师，对从业人员进行礼仪礼节、市场营销、餐饮和工艺制作、食品安全等方面的培训，通过多种形式的教育培训，促使从业人员业务技能和整体素养得到提升。二是袁家村组织村民外出学习经营理念及成功经验，每年袁家村村委会组织商户代表、农家乐经营户代表赴浙江等地进行学习。三是定期召开全体商户会议，分析研究生产、经营等方面存在的问题，邀请专家进行指导。此外，袁家村成立了专门的学校，定期组织村民学习，积极开展对村民的教育，主动将袁家村旅游发展的规划、方向向村民传达，并对产业转型进行讲解，尤其是针对袁家村的实际情况，如何从第一产业转向第三产业，以及在近年的发展过程中，如何将袁家村这一“关中印象体验地”的品牌推广出去。

三、社会增权的路径与方式

信息发展对旅游业的影响不言而喻，从宏观方面来看我国先后开展的“数字旅游—旅游信息化—智慧旅游”战略都是信息发展对旅游业影响的最直接表现。在旅游增权的视角下，信息是较容易被忽略的社会增权方式，王会战（2015）在对兵马俑景区周围社区的研究发现，大多数当地居民认为并没有及时掌握与旅游发展相关的信息，对旅游发展并没有明确的了解。本书认为，在旅游发展中的重要信息一方面包括社区自身的发展情况，如旅游开发的时间、方式、途径等，这类信息对社区居民来说是完全不对称信息，若没有其他利益相关者（政府、管理部门、开发商等）主动公开，社区居民获取信息完全需要依靠非正式组织，非正式组织在信息传播过程中必然会出现信息缺失和信息失真的情况，这对社区的旅游发展并无益处；另一方面是旅游业的发展动态和新业态的信息，这类信息对社区居民来说是能够保证社区旅游可持续发展的信息，社区居民可以通过自主学习、产业创新等方式来实现信息增权。

在对袁家村的旅游发展调研中，发现针对上述的信息权利，袁家村在后者的实践方面已经走在理论发展之前。尤其是在新型业态的引入方面，袁家村坚持在不断学习的基础上以创业培育新业态，拓展新空间，寻找新商机，促进人才、资金、技术等各类要素资源投入关中民俗体验地，在业态创新的过程中，一是搭建平台促创业。充分利用作坊街、小吃街、农家乐、乡村客栈等创业平台，大力发展农家饭菜、农家宾馆、农家体验、农家服务等创业实体，发挥关中民俗体验地创业“孵化器”的作用，带动更多农民群众实现就地就近创业增收。二是拓展空间促创业。注重对内在潜力进行挖掘，丰富内涵，拓展优势，以产业带创业，以创业促就业；在发展小吃街、农家乐的基础上，又先后引进回民街、建立祠堂街、书苑街和酒吧街，带动和兴办各类创业实体200多家，新增就业超过1000多人，人均年收入超过3万元。三是延长链条促创业。围绕提升关中印象体验地的综合效益，通过延长和拓展乡村旅游产业链条，让更多群众在农产品生产、加工、销售、物流等链条中实现创业增收。先后在农家乐特色餐饮的基础上增加乡村客栈的业务，带动就业 168 人，人均年收入 3 万元。依靠人流客流，积极开发运输物流产业，成立运输公司，年营业收入超过 1000 万元，人均工资收入超过 4 万元。围绕食品原材料供应，通过建立“企业 + 基地 + 农户”的模式，先后在泾阳、兴平、三原等地建立农产品供应基地，带动近千户农民增收。

四、心理增权的路径与方式

“对袁家村的文化遗产感到骄傲和自豪”是大部分村民共同的认知，很多村民也表示袁家村的丰厚的关中民俗文化底蕴在旅游发展的过程中得到进一步的发扬光大，对于袁家村旅游知名度的提高，村民的满意度很高。在采访过程中，包括在袁家村中的工作人员、路边老人都很积极热情地介绍他们所了解的袁家村的历史文化，可见袁家村村民对游客的态度非常友好，对当地的文化资源能够以旅游吸引物的形式展现给世人是积极肯定的。这一点在针对“支持袁家村发展旅游业”非常肯定的回答中也充分地体现出来，都说“发展旅游对袁家村来说是件好事”。

另外，在采访过程中发现，不管是在开发时期还是目前形势下，导游等与旅游相关工作岗位均由持有导游证的年轻人占有，很多妇女也意识到自身缺乏导游工作要求的普通话等业务素养，限制了自身的发展，这对于激励村民，尤其是传统的妇女等弱势群体进一步接受教育和培训，提高自身综合素质，是正面的激励因素。虽然存在部分村民在抱怨袁家村发展旅游导致游客众多，而影响到他们原本的生活，但这并没有使他们的生活产生困难或者无所适从，而是转而寻求其他的生存出路。即使这一部分人也是对袁家村未来的旅游发展充满信心和期待的，因此可以说袁家村通过乡村旅游开发基本实现了社区心理增权。

第四节　本章小结

袁家村旅游自起步到发展的10年间，各级政府及省市县旅游主管部门始终给予高度关注和大力支持，这些支持包括政策扶持、项目支持、基础设施投入、旅游环境营造、营销活动策划、机制体制创新等。礼泉县先后成立了以县委、县政府主要领导为组长的乡村旅游发展工作领导小组，作出了《关于加快旅游业发展的决定》，在全省率先编制完成了第一部县级乡村旅游发展规划——《礼泉县乡村旅游发展总体规划》，又相继完成了《关中印象体验地——袁家村综合旅游区发展规划》，进一步指导了袁家村乡村旅游的科学发展。

除了坚持统一规划和政策支持以外，礼泉县政府以及袁家村在具体管理旅游发展方式和模式方面，也呈现出鲜明的特色。具体表现在：一是搭载体。坚持村庄即景区的思路，投资近2000多万元开始在原村落基础上进行关中民居建筑的复古改造，先后建成了康庄街、作坊街、回民街、祠堂街、酒吧街、书苑街和村史博物馆、关中戏楼，形成了关中地域风格浓郁的地标性建筑康庄门楼、康庄老街、茶楼、戏楼、左右客栈，以全新的视觉形象吸引游客眼球。二是建平台。为吸引游客消费，先后在作坊街以“前店后厂”的方式引进豆腐、酿醋、辣椒面、酸奶、菜籽油等8家传统手工作坊，在康庄街引进粉汤羊血、麻花、烙面等100余家关中特色小吃，实现了乡村旅游向消费主导型的转变。三是聚文化。注重深度挖掘和传承保护关中地区面临失传的“非物质文化”遗产，将秦腔老腔、万人麻将馆的说书活化为景区的常态化演出，将帕帕头上戴、油泼辣子一道菜、驴拉磨、裤带面、大梁榨油、地窑酿醋、手工挂面等关中民俗文化渗透到乡村旅游的各个细节之中，石磨、碾子、老井、马车、茶楼、戏台、瓦屋、泥墙、土炕、木门等传统乡村民俗文化的印迹，篝火晚会、集体舞等文艺新元素，增强了景区文化的感染力。

中国乡村旅游化发展困局破解
Chapter 10

第十章　乡村旅游增权的路径和政策保障

第一节　我国社区参与乡村旅游发展现状

改革开放初期，在国内外市场需求不断扩大和发达国家先进经营理念的传输下，我国的乡村旅游应运而生。自20世纪90年代以来，社区居民开始积极参与旅游分工，通过促进景观的协调统一、培养浓厚的文化氛围、创新丰富的活动项目，将乡村建设成具备休闲度假、疗养、游憩等功能的综合性旅游目的地。目前，我国乡村旅游已进入全面发展的攻坚期，但社区居民大多停留在“象征式参与、被动式参与、咨询式参与”等浅层次水平，主要体现在以下几个方面。

一、社区参与乡村旅游发展的能力差

在旅游开发与经营过程中，在某种程度上总会存在强者独断专横、合谋而为的现象。例如，乡村旅游地的规划开发决策过程中较少开展公众咨询，居民意见的影响力微乎其微。此外，由于部分行政管理工作的重复性、行政区划意义上的条块分割，导致社区居民的参与积极性不高、参与能力有限，几乎丧失对相关政策制定、实施的知情权和选择权。社区参与形式也多为居民自发性活动，经营模式基本属于一家一户的家庭式分散经营，缺乏集体合作精神。

二、社区参与乡村旅游的范围狭窄，参与层次低

社区居民的主动参与性是乡村旅游发展的内在驱动力。在季节、周期等因素的影响下，乡村旅游发展淡旺季明显，而收入的不稳定易使社区居民参与旅游工作的积极性受到影响。同时，受教育水平、综合素质等因素的限制，社区居民本身参与能力较弱，使当地政府在开

发过程中面临本土专业人才缺乏的局面，加之专项资金的缺乏，不得不借助外力，大肆招商引资，无形之中使当地社区居民参与乡村旅游陷入更加被动的地位。自身内在因素和外在竞争力的双重压迫，在极大程度上限制了社区居民参与旅游发展的机会和层次，具体表现在工作内容大多技术水平要求不高、时间长且报酬少，如导游、家庭旅馆、民族表演或为游客提供各种交通工具等，真正参与到旅游决策、开发、规划、管理、监督等工作的社区居民寥寥无几。

三、社区参与乡村旅游发展利益分配机制不健全

社区居民作为乡村旅游发展中的既得利益者，在最终的收益分配中却普遍存在机制不健全、收入不均等现象，社区传统的人际关系也因此遭受利益纷争所带来的新挑战，居民以自我为中心的意识逐渐被强化，家族中心意识、集体意识不断被弱化，对社区居民的规范和引导作用逐渐减弱。利益分配不均引起部分社区居民的不满和愤怒更会产生一系列的纠纷问题，既不利于乡村目的地品牌形象的打造，更使乡村旅游业的可持续发展受到阻碍。

第二节　乡村旅游社区参与机制框架构建

针对我国社区参与乡村旅游发展现状，基于公平公正、互利多赢、以人为本和全面参与的原则，需要多层面主体共同参与，才能确保乡村旅游社区参与机制的有效运行。

一、引导机制

在引导社区居民参与旅游过程中，政府及旅游行政应培养和提高

乡村居民的参与意识与能力；决策咨询机制是社区参与乡村旅游发展的具体体现，有利于维护乡村居民合法的参与权。管理部门、企事业单位、行业协会等可开展有效的旅游知识培训与教育。其主要分为三大方面：（1）开展系统化、理论化的旅游知识教育。通过建立合理的培训机制与教育体系，总结旅游业的普遍发展规律，提升居民与游客的沟通技巧，加强居民对保护开发意识的认知，正确引导居民寻找自身在乡村旅游发展中的定位。（2）加强对居民生存能力和从业技能培训。针对游客的需要和社区居民的自身素质“因材施教”有针对性地开展专项技术培训等，提高社区居民的综合素养和旅游服务标准，规范其旅游服务活动。（3）积极鼓励全体社区居民参与，加大普法宣传教育，引导居民寻求科学有效的方法和渠道维护自身合法权益。

二、规划决策咨询机制

一是旅游开发决策咨询。对于游客来说，真正吸引他们的是当地特有的景观旅游资源以及具有原生态民俗特色的人文旅游资源，而这些旅游资源内涵的充分挖掘有赖于当地的乡村居民。他们作为土生土长的当地人，对当地旅游资源了如指掌，从生活实践之中总结出的经验与建议显得弥足珍贵。

二是旅游发展具体思路咨询。食、住、行、游、购、娱是具体旅游规划中不可缺少的要素，各要素之间相互配合和协调，直接关系到旅游体验。社区居民是乡村旅游的参与主体，部分又是一线接待人员，他们在长期工作中与旅游者的直观接触最为频繁，总能第一时间了解到旅游者的需求。此外，提高服务质量和游客满意度还有赖于对社区居民意见和建议的咨询。

三是旅游发展影响力问题的咨询。当旅游业发展到一定阶段，作为参与主体的社区居民的关注点也逐渐扩大，涉及环境、经济、社会文化等各个方面。为了更好地促进旅游规划的制定和实施，使居民更有效地参与到旅游业的可持续发展之中，要充分尊重其主人翁地位，以便获取他们的支持。

三、利益分配保障机制

利益是否合理分配，关乎社区参与旅游发展的核心。在乡村旅游规划开发过程中，面对众多的利益相关主体，必须建立合理的社区居民利益分配保障机制。一是充分利用法律保障，使社区参与乡村旅游发展有法可依。基于法律法规和相关规范，各级部门机构还可制定具体实施的章程和细则进行详细说明。此外，建立社区居民申诉机制，通过对居民的走访调查或主动接收检举和投诉，切实保护社区居民的合法权益。二是完善补偿机制。随着乡村旅游规模的扩大和开发的深入化，土地占用问题在所难免。在与政府、村干部和企业的较量中，由于农民处于弱势地位，承担着生产资料和基本生活保障丧失的风险。因此，政府应积极制订乡村旅游的土地补偿管理办法并落实到位，或将旅游收益中的一部分和当地政府的财政相结合，切实保障社区居民的基本收益。三是实行股份制经营，进行股份利益分配。传统乡村旅游资源具有公共和私人两种产权类型。公共产权指乡村人集体智慧的结晶，包括公共活动空间、祠堂以及民俗、节庆活动等；私人产权，即民居建筑等。旅游开发既要考虑私人产权下乡村景观的微观经营，又要实现公共产权下景观的集中管理，因此可在明晰产权的基础上，采取股份制经营，国家、集体和个人按照各自的股份分享旅游开发成果。

以股金分红的方式，将社区居民责、权、利与旅游开发效益相挂钩；投入公积金，开展乡村公益事业（如服务培训、旅游公司经）和维持社区居民参与机制的运行；在政府主导、社区居民参与的基础上，企业开辟专项资金，不断扩大再生产，加大对相关旅游基础设施的建设与维护，完成对乡村生态环境的保护与恢复。

四、环境保护机制

为实现旅游产业的可持续发展，促进经济效益与生态效益的协调发展，社区参与环境保护机制应贯穿始终。政府可以通过适当介入市场调研，明确发展定位，加大对周边地区基础设施的建设力度，开展保护生态环境的教育活动，以此提升旅游者和旅游从业者的生态意识。此外，建立环境监测站和旅游信息监测系统，及时预测和掌握客流量信息，防止因游客时空分布不均引发不必要的生态环境破坏。

五、监控机制

为切实保障乡村社区居民参与旅游发展的权利，地方政府应建立旅游监督小组，监控乡村旅游发展的全过程，在权力允许的范围内，做好旅游行政管理部门、旅游业投资方、旅游规划单位、乡村社区居民之间相关事宜的协调工作。同时，村民可在村委会的领导下，组建旅游发展协会，监督和约束参与本村旅游发展的外来投资企业以及旅游管理部门，涉及居民利益的重大事项及时公布与干预，防止居民的合法权益受到损害。

六、评估机制

建立有效的评估机制是准确测度社区居民参与程度和效果的重要途径。为保证社区参与的科学性和有效性，可由旅游行政管理部门、旅游专家和社区，通过共同商议并根据一定的标准建立科学的评估机制，随后根据发展的需要和评估效果，适时调整旅游发展策略。乡村旅游社区参与机制框架由以上六大要素构成。整体分为乡村旅游开发前、乡村旅游开发中和发展总体目标。其中，环境保护机制和监控机制贯穿始终，确保各参与主体的行为符合规范。乡村旅游开发前，引导机制是社区参与顺利进行的前提和基础，有利于培养和提高乡村居民的参与意识与能力；决策咨询机制是社区参与乡村旅游发展的具体体现，有利于维护乡村居民合法的参与权。乡村旅游开发中，以乡村居民为核心，享受着各种机制的实施效用，又推动和维护着各种机制的顺利实施。乡村旅游开发后，建立有效的评估机制，准确测度社区居民参与程度和效果，根据评估效果，不断进行完善。我国乡村经济的健康、可持续发展，离不开乡村旅游发展和社区参与的相互依存和相互促进。而社区参与乡村旅游需要从引导机制、规划决策咨询机制、利益分配保障机制、监控机制、环境保护机制、评估机制等多方面协作和共同努力，最终六大机制共同推进，在乡村旅游发展的多方利益主体中，实现真正的互利共赢。

第三节　乡村居民社区参与阶段的划分

在旅游开发不同的发展阶段中，社区参与的规模、内容、形式等都存在很大差异变化，经历了从纯粹的经济活动到既参与旅游经济活动又保护环境和维护社区文化等多个方面，从社区居民的个体参与到社区一体化参与的过程。据此，可将社区参与划分为四个阶段：个体参与、组织参与、大众参与、一体化参与，在乡村旅游地的可持续发展中也是适用的。

一、个体参与

在乡村旅游地的萌芽阶段，缺乏专门旅游服务设施；旅游规模小，表现在游客仅局限于一些探险者、摄影爱好者或其他喜好游历的人。社区中个别村民，出自淳朴善良的个性，热情为这些外地旅游者提供住宿、饮食和路线指引等帮助，不自觉地参与到游客的旅游过程中。村民与旅游者的对应服务关系是在旅游者主动求助过程中应对产生的，其中的社区个体居民处于被动地位。

在此阶段，游客与社区居民保持着融洽的关系，游客自身所带来的外来文化特性难以对社区的自身文化体系产生强烈冲击。相反，在跨文化交流过程中，主要是旅游者强烈感受当地社区文化的特性；另外，由于旅游规模较小，并在居民和游客的自觉共同维护下，乡村旅游资源和自然环境几乎没有受到破坏或污染；经济方面，社区居民为游客提供的帮助都是无偿的，并非以获取经济收入为目的，游客给予社区居民的报酬多以馈赠和感谢的形式表现。

二、组织参与

随着乡村旅游地的游客逐渐增多，社区村民开始自发建造简便的旅游服务设施并提供简单的服务，有计划、有组织地为游客提供餐饮、传统工艺品、土特产等商品和导游、景区交通等服务。

在这一阶段，社区参与乡村旅游的形式主要是参与旅游经济活动，村民从旅游活动中的受益也主要体现在扩大就业和增加经济收入上。与此同时，游客数量的增多使外来文化在与乡村社区文化的交流过程中不再处于弱势地位，游客所带来的观念和生活形态开始对乡村旅游地的居民产生影响。于是，在乡村旅游地社区居民的素质观念更新提高的同时，旅游对旅游地的社会文化的负面影响也随之出现。旅游规模的扩大也使旅游地与环境的关系从最初的共生和谐关系开始走向冲突摩擦。但社会和环境问题并不突出，其非普遍性难以引起当地社区的关注。

三、大众参与

在广告宣传、形象推广和口碑传播的影响下，乡村旅游地的知名度逐步扩大，旅游者大量涌入。在外来开发企业人员和资本的积极运作下，当地旅游业规模扩展迅速，完善了基础设施并建设了大量的旅游服务设施，成立了旅行社、旅游公司等旅游服务机构，形成了一套完整的旅游开发体系。

自组织参与阶段开始，乡村社区就积极主动地参与到乡村旅游经济发展过程中。从单纯提供旅游服务、售卖土特产品和手工艺品到参与旅游组织经营机构和基础设施建设，以及将当地的特色社会文化融入乡村旅游产品内容当中，社区居民在乡村旅游经济发展和旅游地建设过程中做出了巨大的贡献。但旅游业的发展必是一把“双刃剑”，在追逐经济利益的同时，社区居民往往忽略了旅游业发展对当地的环境、文化带来的负面影响，忽略了对环境保护和传统文化传承发扬的责任，忽视了环境污染、资源破坏和文化同质化对乡村旅游业发展的潜在威胁，可以说，在这一阶段中，社区居民参与到资源、环境和文化的保护性开发的活动和意识是零星的、非自觉的和被动的。

四、一体化参与

当旅游地的各种环境和社会问题严重威胁乡村社区发展所依赖的社会资源基础和自然资源基础时，从切身利益出发，社区居民逐渐意识到保护环境和传承特色传统文化的必要性和迫切性，开始自觉付诸行动。

社区参与乡村旅游发展的一体化发展主要有两层含义：一方面，参与内容包括旅游开发决策、旅游规划和经营管理、环境保护、社会进步等全方位、多层面；另一方面，社区居民不再单纯以就业和获得经济收益为目的参与当地的旅游发展，而是同时看重保护环境和传承特色传统文化，将其作为当地社区发展的迫切需求和应该承担的社会责任，社区整体参与到乡村旅游发展过程中。

第四节　乡村居民社区参与动机的识别

社区参与乡村旅游发展不仅因为时间因素的存在而划分为不同的发展阶段，而且由于各地域乡村社区存在社会、经济、文化等因素背景，使社区居民群体在参与当地旅游发展的过程中呈现出差异性、层次化的类型特性。其中将居民参与的模式分为几个层次，从操作、强制，到通知、咨询、安抚，进一步到合作、代表权力和居民控制，分别对应了权力分配的三种不同境况：无参与、居民象征性权力和居民主权。可以看出，权力分配是导致居民参与不同形式的直接动因和根本所在。另外，列出的不同社区参与形式，包括受控参与、被动参与、咨询参与、物质诱因参与、功能性参与、互动参与以及自主参与，也是从不同的权力分配境况出发，将居民从被动参与到自主参与的梯度层次阐明。这两种社区参与的层次性划分是基于普遍发展理论的概括，并没有针对某一特定经济发展形态作出进一步适用性阐述。在此基础上，另有土耳其学者将其应用于社区旅游发展领域，根据社区居民参与旅游发展的不同动机和参与形式，将其划分三种类型：强制性参与、诱发式参与和自发式参与。

一、强制性参与

这是一种“自上而下”的发展道路。在乡村旅游发展过程中，社区居民处于权力底层，几乎处于被动、无知或者是无奈的状态。从旅游发展规划、决策到管理与开发经营，绝大多数社区居民都无法真正参与这一过程；在某些情况下，有些旅游开发商会象征性咨询或者知会社区领导社区精英比较容易获得各方面信息，此举也仅仅是为了减少旅游开发过程中可能存在的政治、社会风险。由于发展旅游业并非社区居民自主选择的道路，在信息不对称的前提下，处于资本和权力弱势的社区居民迫不得已接受当地政府和旅游开发商的决策安排，一方面由于自身技术和知识缺陷，“自动”失去竞争旅游服务就业岗位的权力和机会，难以从旅游开发中分享经济收益；另一方面，对资源控制权的无法实现，使其“被动”失去传统谋生资源，如房屋、土地、石料、动植物资源等，加之由于旅游开发不可避免地带来异质文化冲击社区居民的生活环境承受着潜在的、无法衡量的被迫选择。

二、诱发式参与

诱发式参与同样是“自上而下”的旅游开发决策过程，社区居民很难对乡村旅游发展决策发表意见或者施以影响，旅游决策权掌握在取得开发权的旅游开发商手中，以及对各类生产资源有完全控制权力的政府机构。但与“强制性参与”不同，部分乡村民由于看到旅游服务中产生的经济利益，开始从原本的第一、第二产业中转出或兼职在旅游服务产业链中，取得了比从事传统农业更高的经济利润。他们从事的工作多是资本投入少、技能水平低、利润报酬率低的工作，如为游客提供交通、餐饮、住宿等简单初级的服务，不具有就业竞争力，而大量的高层次工作，被来自乡村社区外部的文化素质较高者占据；社区居民对自身具有的地域性社会文化特色优势无意识。在这种参与方式中，以各家各户的单打独斗居多，或者间接受聘于旅游开发企业，居民中没有形成有话语权的组织团体在旅游决策和开发中发出声音，只能在旅游收益中分得少部分经济收益。

三、自发式参与

这是自下而上的旅游发展过程。在乡村旅游决策过程中，社区居民的意见能够民主地、强有力地施加影响，体现乡村社区的集体意志。在旅游规划过程中，充分挖掘并融入社区自身的社会文化特性，确立实现经济收益、社会收益和生态利益一体化的发展理念，以期实现乡村社区的全面、乡村旅游的可持续发展。在旅游经营开发过程中，体现真实性的乡村生活形态和其他社会、文化、环境等因素作为主要旅游产品向游客展示，居民与游客之间的互动是主动的、良性的。一方面，由村民自治解决旅游开发过程中的问题和矛盾，实现旅游业的可持续发展；另一方面，不断调整应对旅游发展总体方向与当下社会经济环境的关系，使其与社区发展的总体目标保持一致。

第五节　乡村居民社区增权的路径

一、乡村居民社区制度增权路径

制度增权路径主要分为两种：一是正式制度增权，二是非正式制度增权。两者在增权的主体、受体以及方式等多个方面具有明显差异，如对于增权主体而言，正式制度增权的主体一般是各级政府，而非正式增权的主体是社区成员中的精英；在受体方面，正式制度增权的受体是目的地所在区域的所有成员，而非正式增权的受体可能是目的地所在区域的部分成员，抑或是不同的利益群体；在增权方式上，正式制度增权主要是“自上而下”的政府主导形式展开，而非正式制度增权则更像是一种“自我增权”，即社区居民自发组织起来，与旅游开发的其他利益主体进行博弈。所以从制度增权来看，提高乡村旅游发展的路径主要在以下两个方面。

（一）正式制度的增权路径

第一，加强立法供给，强化对乡村和社区居民旅游开发权益的保护。我国目前在保障居民参与旅游开发方面的权利和方式的相关规范相对较少，还不能有效满足社区旅游开发的需要。相对而言，世界上多数发达国家都是通过强化正式法律法规的供给，在合理保护生态环境的条件下保障当地居民旅游开发权益，如以加拿大班芙国家公园的开发过程为例，早在20世纪30年代，加拿大国会就颁布实施了《国家公园法案》，强调国家公园建设和发展的目的在于服务人民的利益，随着全球对环境问题的重视，至20世纪80年代加拿大政府对上述法案进行了修正，强调在旅游开发过程中始终把环境保护放在首要位置，紧接着在1995年推出了《班芙社区计划》，进一步确立了当地居民参与社区资源管理、进行旅游开发的权利，并进一步规范了在开发和管理环境资源过程中应该遵循的原则，最终保障了班芙公园旅游资源的合理开发和利用。同样，以迪拜为例，其在法律中明确指出要在当地开发旅游资源，前提条件是资源所在地居民能够获得收益。正是基于这些典型案例的特点，我国法律制定机构应针对我国旅游业蓬勃发展的态势，从法律制度层面上确立社区对当地旅游资源的所有权、收益权，弥补我国类似领域法律制度的缺失和不足。

第二，加快调整现有法律制度步伐，完善现有关于居民旅游开发的权利与义务。由于我国幅员辽阔，各地人文地理环境差异显著，就需要地方政府在现有法律和规章制度框架下，针对不同情况具体出台相应的旅游开发方案，弥补现有法律的不足。一方面，争取在全国法律层面基础上加入社区居民依托地区资源获取收益的权利，或者在全国一般性法律和规章制度基础上，制订相应的管理条例，进一步激励和组织社区村民，充分利用集体权力，有效管理旅游资源，强调在环境友好前提条件下，帮助村民实现增收的目标；另一方面，加快调整《村民委员会组织法》《城市居民委员会组织法》等相关法律，完善居民在社区公共事务以及公益事业等方面进行开发、融资等的具体规则和流程，进一步明确村民在社区资源管理方面应享有的权利和义务，要充分调动微观主体的积极性，确保社区自治组织能够有效地吸收每一位个体成员的智慧和理论，最终在管理和运营旅游资源过程中，具备良好的谈判、协调、组织运营能力，为社区居民收入的提高、旅游业的发展创造条件。

第三，充分调动各级政府以及市场主体能动性，推进增权制度的完善。由于增权的主体是各级政府机关，因而需要各级政府机构在充分调研和信息沟通的基础上，保障社区居民享有充分的旅游资源收益权。一方面，作为中央权力机关，在一般性法律条文中应该明确赋予居民在旅游资源管理和开发方面享有的权利，或者享有旅游资源开发的收益权利；另一方面，作为地方政府，需要根据地区资源特点，在于中央机关增权制度框架下，进一步完善地方社区居民管理制度，在特殊情况下还需要及时与中央机构进行沟通协调，弥补社区增权制度建设过程中存在的分歧，保障立法供给的一致性和连贯性，同时需要正确认识自身职能定位，充分将旅游资源的收益权转移至社区居民，有效行使地方政府在旅游业发展过程中的行政管理权。最后，各级增权主体要进一步明确社区居民是地区文化、自然等旅游资源的最终受益者，甚至包括资源的所有权，要转变传统观念，政府和旅游企业不能在将传统文化资源、自然风景等旅游资源视为“公共资源”，要逐渐从文化旅游资源管理的主体地位中逐渐剥离出来，确保社区居民在旅游资源利益分配中享有充分的权利。

（二）非正式制度的增权途径

第一，社区居民要树立增权意识，积极参与旅游资源的开发决策。随着旅游业的发展，尤其是旅游形式和资源的多样化，传统的法律和相关规则在很大程度上已不能适应旅游开发的需要，约束了社区居民参与旅游开发决策的可能性和积极性，这就需要旅游开发区当地居民，明确自身在文化旅游资源过程中的地位和作用，充分表达旅游资源的收益权和管理权，为提高社区居民参与旅游资源开发提供条件。具体来看，首先要让社区居民，尤其是与旅游资源直接相关的社区居民，明确自身在旅游资源、开发以及收益过程中享有的权利和承担的责任；其次，积极引导群众要“有序、有据”参与当地旅游资源的开发和管理，将集体的智慧凝结在一起，为了更好地开发和管理当地文化旅游资源创造群众基础；最后，明确社区居民在增权过程中，不能和国家基本法律相抵触，村民的增权理念和意识要遵循国家基本法律法规的要求，让相关社区居民明确增权的方向。

第二，社区居民要形成有效的管理组织和利益共同体。基于文化因素的旅游资源开发，绝大多数均处在相对偏僻的乡村，传统文化气氛较为浓厚，但也导致当地居民缺乏必要的合作组织，导致居民的生产、生活相对处在离散的状态，一旦涉及公共经济利益时，很难有效将当地民众有效组织起来，对公共事务做出合理和有效的决策，从而增加旅游资源开发的管理和运营成本。这就需要在涉及文化旅游开发的乡村构建有效的社区合作组织，以维护共同的经济权益为目标，为参与旅游资源开发、管理以及利益分配提供组织保障。此外，在形成社区居民合作组织的过程中，要充分发挥当地具有威望或者“精英”人员在组织中的团结领导作用，因为这些成员能够较好地联络旅游资源的利益相关者，具有一定的管理、协调能力，能够发动和组织居民较好地维护旅游开发权益，为地区文化旅游业的发展团结力量。

二、乡村居民文化增权路径

通过发展和培育文化资源实现增权目标是文化旅游社区居民增权的重要途径，文化资源是文化旅游发展的前提条件，所以需要文化发展旅游社区从以下几个方面积极培育、巩固、发展地区特色文化，为社区居民收入水平的提高以及旅游业发展创造条件：

首先，对于具有开发潜力的文化旅游地区，要鼓励社区居民参与传统文化的保护、传承活动之中，提高特色文化资源对地区居民生产、生活的影响，为旅游资源的开发营造必要的文化氛围。由于特色文化需要特定地区的人民去继承和传播，才能形成乡村文化旅游发展的前提条件，尤其是民族地区的特色文化，更需要当地居民的保护和继承，对于可以作为旅游资源的物质文化遗产，包括寺庙、古迹、历史名城等，需要组织当地民众积极进行保护和维护；而对于非物质文化遗产，如制作工艺、饮食文化、文字等，鼓励当地居民积极传承就是对这些文化旅游资源的最好保护，只有保护和继承了这些特色旅游文化资源，才有可能为文化旅游的发展提供前提条件，也只有社区居民的积极参与行为才能为文化旅游资源的管理以及相应的收益获取权创造基础。

其次，对于正在开发或者已经开发的文化旅游地区，要充分保障当地居民对文化旅游资源的收益权。旅游增权的目的在于通过旅游资源的开发和管理提高当地居民自身的生活质量，而生活质量的提高前提是收入水平的增长，具有文化特色的乡村旅游业的发展，必须依赖当地居民对传统特色文化旅游资源的继承和管理，但要调动他们的积极性前提是享有文化旅游资源开发与管理的收益权，只有当地旅游管理部门确保乡村居民充分享受到旅游开发的收益，通过构建健全的收益分享机制，保障乡村居民享有的合法收益权益，同时利用公正、公开的管理运营模式，保障乡村居民在旅游资源管理、规划等方面的权利，才能为充分调动乡村居民对旅游资源的开发和管理贡献力量，为乡村旅游发展营造良好的群众基础。

最后，需要增强乡村居民的文化认同感以及文化向心力。在信息网络时代背景下，不同主体之间的文化交流日益频繁，在不断出现“新生事物”面前，社会居民主体往往对于传统特色文化持批判的观点，导致社会主体对传统物质文化遗产以及非物质文化遗产的认识出现偏差，进而影响到传统文化遗产在群众中的继承和发展。因此，为提高乡村居民对特色文化的认同感、巩固旅游开发资源，一方面需要团结乡村居民中的精英成员，这其中不仅包括掌握较多生产资料的经济精英，还有具有一定影响力和家族威望的传统精英，以及当地政府管理部门的领导人员，有效整合这些精英资源，发挥他们的文化引领作用，逐步引导当地乡村居民，增强对特色传统文化的认同感，提高文化向心力，使乡村民众相信继承当地特色文化遗产不仅能够享受到参与社区旅游管理、运营的权利，还可以通过文化旅游资源的开发获取可观的收益，达到改善自身生活水平的目的。另一方面，社区的精英阶层应该引领当地群众，准确把握当地文化特色，通过全局把握、多方考察和论证，结合当地特殊的地理、人文环境，筛选出具有竞争力的文化旅游资源，保障旅游资源的开发能够实现可持续经营。

三、乡村居民教育增权路径

发展乡村旅游背景下的教育增权，主要是通过教育、培训等方式，逐步提升乡村居民对文化旅游资源的经营管理能力，不仅要实现旅游资源的可持续发展，同时保证乡村居民收入水平普遍提高。针对当前乡村居民农业、文化旅游等方面知识相对匮乏、运营管理素质不强等特点，需要从以下几个方面优化教育增权方式，为乡村旅游发展提供智力条件。

第一，重视特色农业、文化传承教育。乡村农业、文化旅游等模式具有明显的地域特征，不同乡村应该结合当地文化与农业生态资源形式的不同特点，采取不同的措施构建规范的教育培训模式，在特定区域内形成完善的文化培训模式，例如，对于物质文化旅游资源而言，像古庙、名人故居、古城墙等，应该定期组织不同年龄结构、性别结构的当地居民，在固定的学习培训场所向他们讲述文化资源的历史价值和时代意义，同时不定期组织居民参观学习了解相应文化旅游资源的历史渊源，强化当地乡村居民对旅游资源的认识和理解；而对于非物质文化旅游资源，像传统手工艺、习俗、风俗等，需要通过宣传和教育，帮助乡村居民树立正确的文化意识，一方面防止少数乡村居民持有的“妄自菲薄”心理，从而抑制由此而引发的潜在文化排斥行为，最终影响到旅游资源的开发与管理；另一方面，通过文化传承教育，帮助乡村居民树立“文化自信”，与地区特色文化形成共鸣，在自觉参与保护和继承传统特色文化过程中，逐步扩大文化资源基础，为文化资源的传播和继承创造条件，最终有效支撑文化旅游资源的开发。而对于观光农业旅游发展而言，要通过宣传教育，帮助农民转变农业经营方式，通过借鉴观光旅游发展模式，拓展农业增收途径，实现农业生产增产、增收，逐步改善乡村生活质量。

第二，重视经营管理教育。文化旅游资源的开发，不仅需要政府、社区居民的参与，也需要旅游企业以及个体工商户的参与，那么如何帮助社区居民参与旅游企业管理决策、如何帮助个体工商户依托旅游资源实现持续经营目标等涉及经营管理问题，均需要一定专业知识作为必要条件，从而有利于降低乡村居民开发旅游资源过程中存在的风险。因此，为了帮助乡村社区更好地参与旅游资源的开发与管理，有必要加强乡村居民的经营管理教育：一是典型案例教育，可以定期组织乡村居民参观、学习成熟的旅游开发项目，如杨凌的农业观光旅游、袁家村、汉中油菜花旅游等，通过现场考察学习这些成熟的乡村旅游开发项目，让潜在的旅游开发区居民了解旅游资源管理方式和方法，为本村乡村旅游项目的开发和管理提供借鉴依据；二是邀请知名专家对乡村居民进行经营管理方面的专业培训，向社区成员讲解旅游企业管理经营方式，提供旅游企业收入分配体系构建咨询，通过经营管理专业性引导和培训，帮助社区居民树立起正确、规范的个体经营理念，使当地居民可以通过特色餐饮、住宿等服务，也可以通过特色农业树立旅游品牌，逐步脱贫致富，实现农村生产、生活方式的转变，最终走上小康发展之路。

四、乡村居民社会增权路径

在特定地域和文化氛围条件下，社区的组织结构和形态也会对乡村旅游发展产生重要影响，从现有农业观光旅游以及文化旅游等形式来看，为了更好地促进乡村旅游事业的发展，也应该从乡村居民社会组织与形态方面进行调整。

首先，科学合理推进社会成员和组织分工，完善乡村旅游资源配置。乡村旅游业的健康平稳发展，不仅需要社区居民的积极参与，更需要结合居民年龄、性别、知识结构等特点进行合理的分工，发挥不同阶层人群的比较优势，从而形成旅游业发展的完整产业链。对于基于特色工艺、习俗、风俗等非物质文化形成的乡村旅游，可以充分吸纳社区妇女、中老年人参与旅游活动之中，由于他们长期受到当地非物质文化遗产的熏陶，在生产、生活中本身就携带当地特色文化，可以通过他们表现当地特色文化、特色手工艺等，不仅有利于形成有效的旅游资源，而且也能够更好地发挥他们的社会价值；而对于其他年轻人员，既可以从事乡村土特产的制作、提供餐饮服务等，充分发挥他们的经营管理能力，为乡村特色旅游产业的管理和发展提供人力资源保障。对于依托农业资源形成的旅游产业，需要合理分配农业从业人员，尤其是在现代农业生产方式和传统农业生产存在较大差异背景下，需要具有专业技术和知识的社区年轻人员，合理配置农业资源，安排作业的耕种时间，同时应该掌握相应农业生产技术，保障农业观光资源的形成，如西安白鹿原的樱桃园、户县葡萄园、周至县猕猴桃园等，都需要当地了解作物栽培和培育技术的专业人员积极参与，保障观光农业资源的生产。

其次，组建有效率的社区居民组织，发挥社区居民组织在旅游资源开发与管理中的积极作用。一方面，考虑乡村居民在参与旅游资源开发和管理过程中存在的信息不充分以及不对称问题，有必要针对居民决策的分散性和低参与度的问题，可以通过协作组织的建立，通过公开、公平等原则，在组织内部统一有关当地乡村旅游业发展共识，尤其是在利益分配过程中，可以有效解决可能存在的分歧；另一方面，可以根据参与旅游资源开发与管理的方式不同，组建有针对性的社区居民组织，如提供餐饮、住宿服务的组织，提供和协调交通运输服务的组织等，从而在乡村旅游发展规划、收益分配、土地征用等过程中，形成强大的凝聚力，在与政府管理部门以及第三方组织谈判和博弈过程中确保社区居民的权益不受侵害，达到维护居民权益的目的。

最后，充分培育并调动社区成员社会联系，发挥社会资本在旅游增权中的积极作用。基于乡村旅游业发展的基本特点，初期往往分布在较为落后的地区，投资供给经常不足，这就需要充分调动政府以及居民的社会资本，吸引外来资本投入乡村旅游业的发展之中，为乡村旅游基础设施的改善提供资本支出。除此之外，作为以农业观光、体验为特色的乡村旅游，还应该积极与农业研究机构建立良好的合作关系，利用研究机构的知识平台，创新农业生产方式，为农业旅游发展创造新的增长点；而对于文化遗产的乡村旅游，则更多地需要与管理咨询公司或者著名管理研究机构建立合作关系，通过合作调研和案例研究，为乡村文化旅游提供合理的发展规划建议，在保障乡村旅游良性发展过程中，实现乡村居民收入水平的提高。另外，还需要处理好旅游发展乡村与周边村落的关系，形成良好的协同发展方式，为营造优秀的旅游文化环境提供条件。

第六节　乡村居民社区增权的保障措施

一、乡村居民社区增权的经济制度保障

乡村旅游发展的核心在于促进乡村居民增收，因此需要注意通过经济制度保障居民收入水平的增加，从而有效激励乡村居民拥护旅游发展模式，实现地区经济平稳健康发展。然而，考虑乡村居民收入水平较低，投资金额分散且规模较小，应对风险能力相对较弱，所以需

要必要的经济制度保障乡村居民的旅游开发权益，减少因旅游开发和发展而引起的经济利益纠纷等不利因素发生。

第一，根据乡村旅游资源开发不同，创新经济补偿机制。对于部分乡村旅游项目开发而言，由于开发周期相对较长，致使乡村居民出让自己的农地、住宅以及其他资源之后，无法投入旅游开发的分工产业链之中，失去了稳定的收入来源，这就需要在征用乡村居民资源过程中，给予相应居民充足的生活收入补偿，否则政府往往在与民争利的过程中，陷入持续纠纷之中，不利于乡村旅游项目的开发。例如，对于观光农业而言，需要整合一定规模的土地资源，种植具有观赏价值的经济作物，就必须考虑有效的经济补偿方法，不仅要将农村居民的土地整合起来，同时也要弥补居民的经济收入来源，像周至猕猴桃种植、白鹿原樱桃种植等观光旅游业的建设方法，都是在征用农村居民土地资源过程中，根据市场价值对当地农民进行补偿；而对于文化资源旅游，可能涉及农村居民宅基地的搬迁、住房功能的转换等问题，这些问题都“倒逼”政府在旅游开发过程中，通过合理安排农村居民住宅置换问题，同时给予合理补偿，防止出现社会冲突的发生。此外，在乡村旅游项目正常运营的情况下，也需要建立公平、公开的利益分配机制，通过共享旅游开发项目的年终收益和分红，保障农村居民享有的收益权，在一定程度上为降低项目开发和管理过程中与当地居民产生的利益冲突提供制度保障。

第二，依据乡村旅游资源基本特征，健全金融风险分散机制。相比较文化旅游而言，由于农作物生产受到地理环境、气候、天气等众多自然因素的影响，而这些因素均是人为不可调控的因素，当依托农产品作物作为乡村观光旅游资源时，面临的不确定性风险将更加突出，因此针对这一类的乡村旅游项目，政府和金融部门要充分发挥金融保险业务对农业生产的风险分散功能，帮助农业生产者抵御自然风险，保障乡村居民种植观光旅游资源的积极性；同样，对于依托文化古迹等物质文化遗产形成的旅游项目，由于其建设周期较长，资金量较大，除了政府和乡村居民投资建设之外，需要引入企业以及其他金融投资机构，如基金会、旅游投融资公司等，或者借助当地融资平台，为乡村文化旅游项目的开发提供资金支持，以分担旅游项目开发过程中不同利益主体存在的资本风险，特别是降低了乡村居民资本的投资风险，为社区稳定和项目成功运行提供资本保障。

第三，依据乡村旅游项目的差异，优化管理运营合作模式。随着乡村旅游资源开发的模式以及方式的不同，尤其是根据乡村居民参与管理经营方式的差异，需要优化旅游项目合作模式，从而保障乡村居民在旅游项目开发和运营过程中的权益不受侵害。一方面，可以根据乡村居民风俗特点，在当地政府机构正确引导下，采取自助组织形式，将多户居民按照相同文化“手艺”、农田分布等特征联合起来，通过资金投入、人员合理分配，帮助他们形成文化旅游、观光旅游基础资源，确立他们旅游收益的主体地位，从而调动乡村居民进一步开发旅游资源的积极性，实现旅游发展的规模收益；另一方面，可以在前述村民自发组织形成旅游发展模型基础上进一步优化合作方式，吸引第三方投资机构以及旅游企业共同开发当地文化旅游资源，邀请专业机构和人士（农业研究与旅游管理机构，优秀农业科技人员和管理专家）以特定的形式参与到旅游项目的开发与运营管理，有效规范乡村旅游业发展模式，形成良好的旅游环境，最终在实现企业与社区居民贡献旅游发展收益的过程中，保障乡村居民应享有的收益，实现乡村居民增产、增收的发展目标。

二、乡村居民社区增权的法律制度保障

乡村居民旅游增权的根本制度保障应该是法律制度保障，只有在法律层面基础上确立了乡村居民的合法权益，才能有效推动乡村居民在旅游开发过程中的经济行为做到有法可依，才能与社会组织、政府博弈过程中沿着正确的方向发展。

首先，在现有《民法》《物权法》等基本法基础上明确乡村居民在土地资源、旅游资源等方面应该享有的所有权和收益权。除以手工艺等非物质文化遗产为特征的旅游项目外，乡村农业观光旅游、物质文化遗产旅游等项目在很大程度上都与农村土地征用等内容有关，如对于需要发挥规模效应的农业观光旅游，需要整合农村居民土地资源，统一经营和管理，这就需要在征用乡村居民土地过程中，明确他们对土地资源的所有权和收益权，只有在基本法律基础层面上明确乡村居民在土地资源领域应该享有的权利，才能在旅游项目征用土地过程中充分保障乡村居民的合法权益不会受到非法侵害；同样，作为非物质文化旅游资源而言，法律应该明确指出乡村居民有权通过表演、文化产品等形式获得相应旅游收益，政府作为组织和管理机构之一，应该在多方合作的基础上合理分配最终旅游收益，保障乡村居民旅游收益权，最终调动乡村居民参与乡村旅游开发和管理的积极性。

其次，通过法律形式保障村民合作组织的合法性，并保障其在旅游项目开发和管理过程中享有的相应权利和义务。乡村居民自发组成的合作组织、居委会等，是乡村居民参与旅游项目开发和管理的重要力量，也是乡村居民总体意愿的有效代表形式，有必要通过法律相似最终保障村民自组织的合法性，才能有效解决乡村居民参与旅游项目的形式。一方面，通过法律形式既确立了村民自组织形式的合法性，又规范了组织应享有的权利和承担的义务，从而有力地约束了居民组织在与政府、第三方投资机构合作和谈判过程中准确定位，实现各方信息的有效沟通，为乡村旅游项目开发创造条件；另一方面，也可以通过乡村居民的合作组织，对政府以及第三方投资机构的运营管理进行监督，并约束乡村居民在旅游项目开发和管理过程中存在的不法行为，最终保障政府、居民与投资机构在旅游项目开发过程中形成良性互动，共同推动乡村旅游业的繁荣发展。

最后，强化监管体系，提升对乡村旅游资源开发、经营以及管理过程监管的执法力度。在旅游业发展初期，随着法律制度逐渐完善，需要执法部门严格执法从而保障乡村居民合法权益：其一，要维护市场秩序，促进公平竞争，尤其是以观光、饮食特色为资源的乡村旅游业，政府部门应该加强监督乡村居民主体严格按照产品质量要求，对于农药残留超标、食品添加剂使用不规范等危害消费者的不法行为，要坚决予以打击，维护乡村旅游业的正常发展秩序；其二，严格按照相关法律法规以及投资协议的规定，维护乡村居民享有的合法权益，防止第三方投资机构以及政府部门的非法行为对乡村居民合法权益的侵害，尤其是明知乡村居民在知识储备、运营管理能力等方面的不足，而侵害居民本应享受的各项权利和收益的行为应该做好防范和监督；其三，建立有效的投诉反馈机制，在适当条件下还可根据乡村旅游发展特点，引入第三方监督管理机构，规范当地乡村居民在经营农地、企业以及商铺等旅游资源过程中存在不当的市场竞争行为，并通过有效的监督、投诉渠道，听取受侵害消费者防止个别非法经营农户的投诉建议，并及时向当事人和社区公布，做到惩戒和警示作用，降低个体非法行为对整个地区乡村旅游产生负面影响，最终促进整个乡村社区旅游市场是在有序、优质的环境下发展。

三、乡村居民社区增权的教育制度保障

教育制度保障措施的完善是乡村居民旅游增权的重要支撑条件，对于提升乡村居民知识技能、管理水平有显著的促进作用，针对乡村旅游增权的特点，必须从以下几个方面加强社区增权的制度保障。

第一，加强乡村居民旅游教育的基础设施投资。在乡村居民收入增长有限的条件下，他们几乎没有更多的资本用于旅游教育方面的投资，这就需要当地政府部门根据财政收支情况，积极发挥财政政策在旅游教育方面的积极作用，通过加大资本投资力度建立常态化的旅游业务培训机构，并提供必要的学习场所，保障对乡村居民培训的常态

化。同时，在资金、土地资源等有限条件下，根据乡村旅游发展的特点，建立必要的信息图文中心，包括购买观光农作物种植、栽培以及旅游资源开发与管理等方面的书籍，并提供必需的信息网络支持，为乡村居民查阅相关资料、提高知识储备水平提供基础条件。此外，还需要提供专项资金支持，用于邀请相关专家和学者定期对乡村居民进行培训和决策咨询，指导他们更好地管理相关旅游资源，充分保障乡村居民接受相关教育的权利。

第二，针对旅游资源开发的特点，补充和完善乡村居民职业技能教育培训体系。乡村旅游的最大特点就在于当地乡村居民必须参与到相关产业链之中，从而保持当地农业、文化等资源的原始风貌，但旅游资源开发和管理离不开特定技术人员的支持，这就需要针对乡村居民知识储备的不足和短板，按照乡村旅游的特点，通过职业技术教育提升居民的人力资本水平，如具有地方特色的传统生产工艺，就必须建立有效的教育传承机制，从而形成具有可开发的旅游资源；对于农业观光等旅游资源则需要建立季节性或者固定性的种植、养殖培训班，为当地居民熟练掌握农业培育的科学方法提供有效的指导。此外，还必须结合旅游项目管理和经营特点，建立有效的用人、选人机制，筛选具有管理和经营潜力的乡村年轻人员，通过规范化的职业技能培训项目，对他们的旅游资源管理技术、理念等内容进行培训，促进他们形成先进的管理理念和方法，为当地旅游资源的开发和管理提供人力资源保障。

第三，建立有效的旅游价值观念培养体系。在广大乡村地区，当地居民受观念、习俗等影响很难接受将现有资源转化为旅游资源的现实，往往具有抵触情绪并对旅游项目开发产生不利影响，这就需要建立有效的旅游价值培养体系：一方面，加强文化价值认同体系的培养，不仅要通过常规化的宣传、教育鼓励群众认识当地传统文化、习俗、工艺等具有的经济价值，更需要通过整合不同村民小组，定期组织他们参观、学习经典乡村旅游开发区，激励他们积极挖掘相应文化和习俗、工艺等潜在的文化价值和经济价值；另一方面，加强潜在旅游开发区居民的商业精神的培养，尤其是通过经济、管理、案例等内容的培训和学习，帮助乡村居民明确传统农作物的养殖、栽培，不仅可以向消费者提供农产品索取经济价值，也可以通过发展旅游观光吸引旅游消费赚取旅游收入，从而拓宽他们的收入渠道，为农业发展方式转变提供基础。

四、乡村居民社区增权的政府职能保障

政府职能的转变是乡村旅游发展的重要保障，尤其是在乡村经济发展的动力发展转变的背景下，政府职能也应该随之调整，在以旅游为特色的乡村经济发展模式背景下，需要政府部门的相关职能做出以下调整：

第一，优化政府在旅游发展方面的确权职能。一方面，政府要结合乡村旅游文化的相关特点，明确自己的行为边界，尤其是从传统的主导型政府转变为补位型政府，具体从之前的经济发展规划、资源配置等经济环节中逐步退出，通过帮扶、引导等方式，帮助乡村居民形成有效的文化体验、农业观光等旅游资源，促进乡村旅游业在正确的道路上快速发展；另一方面，政府部门也要积极明确乡村农民组织、第三方经济组织在乡村旅游发展过程中的权利边界，尤其是对于乡村居民和旅游投资机构、旅游管理部门等相关主体之间可能存在的利益分歧要进行明确界定，确定旅游资源开发过程中不同利益主体应该享有的各项权利和义务，为保护不同主体的权益提供依据。

第二，改善政府公共管理相关职能。主要集中在两个方面：一是提升旅游政策宣传职能，帮助相关乡村居民了解国家当前在旅游发展领域的相关政策、法规，借助政策法规的相关支持和鼓励，引导乡村居民将有限的资源投入相关旅游开发项目之中，最终为优化旅游资源提供政策指导；二是通过财政初次分配、二次分配等方式，在促进当

地乡村旅游业发展过程中，帮助并支持乡村居民弱势群体的生活、医疗保障等问题，如需要通过完善乡村养老制度解决留守老人的养老问题，通过提高基础教育服务解决留守儿童教育的相关问题，从而有效降低旅游业发展的社会成本，形成良好的社会文化文明，从而进一步增强乡村居民发展旅游业的向心凝聚力。

第三，加大乡村与旅游产业相关的交通、运输、网络以及公共服务等基础设施投资和规划力度。当前乡村在基础设施等方面的建设仍然滞后于地区城市的发展，这也是制约农村经济发展的重要“瓶颈”，所以需要从以下几个方面对基础设施进行完善：一是改善、新建乡村交通运输条件，由于乡村旅游往往离城市较远，道路交通条件相对城市建设相对滞后，尤其是在节日、假期等特殊时段，受道路运输条件限制，不仅加大了车辆拥堵滞留时间，也限制了旅游人数的增长，最终影响旅游消费人群对乡村旅游的主观满意度，对乡村旅游业未来发展产生不利影响，所以需要加快改善乡村道路条件和状况步伐，提高道路通勤效率，在满足旅游资源可持续发展的基础上，实现旅游人数与收入的“双增长”；二是基于旅游资源特色提高政府规划与管理能力，最终提高景区服务质量，对于以农业、文化观光旅游为特色的乡村旅游区，需要政府出面协调和统筹用地规划，在景区周围建立必要的停车场与住宿条件，相反对于地区习俗、饮食为特色的旅游景区，则更需要突出住宿与交通条件，有效完善乡村旅游产业链，把提高乡村旅游服务质量作为实现乡村居民增权、乡村旅游业发展的重要保障；三是加大生产、生活服务系统供给力度，主要是供电、给水、卫生等基础保障系统，由于农村地区相对偏远，生产、生活条件与城市生活存在差距，卫生与生活用水等基本条件往往得不到保障，在很大程度上制约了乡村居民参与旅游开发的积极性，所以需要根据农业、居民分布特点，建设农村生活、生产用水、用电供给系统，为旅游资源开发提供基础设施保障。

第四，完善乡村旅游市场经济体制。受旅游资源、投资规模等因素影响，乡村旅游发展过程中更需要通过政府优化市场环境实现乡村居民增权目标。一方面政府需要提供充分的信息服务，由于乡村居民受到本身知识、能力等方面的局限性，无法充分掌握旅游开发过程中的相关信息，这就需要政府构建并完善信息交流平台，向乡村居民以及旅游人员提供必要的旅游市场行情，尤其是向居民提供投融资情况，维护乡村居民相关权益，并根据旅游资源建设和维护特点，建立相应的信息预警机制，发布本地区最新的旅游信息动态，帮助乡村居民应对不同时点旅游发展存在的风险；另一方面，需要向乡村居民技术服务支持，在政府搭建的信息平台基础上，更需要与之配套的技术服务支持，通过技术服务支持提升乡村居民开发、管理旅游资源水平，对于农业观光旅游而言，信息技术平台不仅可以及时掌握农作物生长状态，也可以有效吸引潜在旅游者，帮助旅游人员合理规划自身旅行计划，而对文化旅游而言，可以通过强化技术服务，帮助乡村居民提高效率，如手工艺品制作、饮食服务质量等。

第七节　乡村居民社区参与乡村旅游发展路径的模式

在我国乡村旅游开发的过程中，从社区参与的发展阶段可以看出社区居民参与到当地旅游开发中的内容、模式、规模以及出现的问题，而社区参与的增权意义则显示出社区在发展乡村旅游的过程中达到了社区发展高度以及在可持续发展道路上的实际进程。结合这两个维度来判断，可以定义我国社区参与乡村旅游发展的模式。

一、理想路径

随着社区参与规模从个体参与开始，到组织参与，再发展到大众参与，最后达成一体化参与，是整个乡村社区发展旅游的模式阶段，也是其从个别旅游活动逐渐展开、推广，社区参与科学规划、旅游决策和经济利益均衡共享，实现可持续发展的推进模式。与此同时，乡村社区在社会经济发展落后的背景下，乡村居民在经济利益分享的诱发下，逐渐增强社区意识，特别是在社区参与过程中出现问题、矛盾、冲突时，通过教育、培训提高社区参与权力，竞争并赢回乡村旅游资源的开发控制权，在这一过程中，社区参与旅游发展递进式实现心理增权、经济增权、社会增权和政治增权，完成乡村社区整合提升和乡村旅游的可持续发展。当社区参与的发展阶段与其代表的增权意义能够对应推进实现时，乡村旅游在不断扩大规模、增加旅游收益的同时，也完成了乡村社区的全面发展，这是我国社区参与乡村旅游可持续发展的理想路径。

二、极化路径

在我国社区参与乡村旅游发展的实践过程中，同时会出现社区参与发展与增权完全不同步的现象。特别是在由外来企业投资垄断乡村旅游的开发权和受益权的情况下，尽管企业在开发过程中大量雇用当地社区村民，使其着实参与到旅游服务的经营和生产链当中，但仅仅是就参与而参与，乡村旅游完全按照企业化的管理模式来经营，村民沦落为纯粹的“打工仔”。在此模式下，乡村当地的自然环境、传统文化在开发过程中逐渐模式化或舍弃其独特性、乡村性，外来企业攫取了乡村旅游的开发成果，社区居民无法从旅游开发中获取大部分经济收益，社区生活质量和群体利益得不到有效维护和提高，无法实现旅游的可持续发展和社区的整体建设的发展目标，这是一种极化路径。

另一种极化路径，是乡村社区在提前完成并实现社区增权的情况下，来推动社区居民参与乡村旅游的发展。其典型案例被誉为“中国社会主义新农村建设典范”的江苏省江阴市的华西村。华西村不同于中国其他乡村社区的发展道路，在经济积累逐渐富裕的同时，村庄的社区建设也取得明显进步和突破，包括管理体制、民主制度、村民素质都已超出城乡二元经济结构体制下普通乡村的整体水平。在此背景基础上，华西村的乡村旅游资源、旅游吸引物由当代村民自建、新建而成，乡村旅游开发是完全自主、自营、自利的，由于绝对拥有旅游资源开发的控制权和必需的资本能力，外来企业和当地政府都“无权”干涉，自然经济收益也会归社区居民集体所有，这都是在华西村已然完成社区增权的基础上实现的。但是迫于乡村旅游的发展速度和规模，在此经济转型过程中，社区居民实际参与旅游开发经营的规模受限，远没有达到大众参与和一体化参与的阶段。

三、可能路径

在实现社区参与乡村旅游可持续发展的过程中，社区参与的发展阶段和社区增权意义并不是独立存在的，还受到诸多社会经济文化因素的影响，即来自社区内部和社区外部的诸多变量影响，如乡村的社区精英、独特民族文化、优惠发展政策等，都可能影响到社区参与的发展阶段以及增权意义的对应实现，这是社区参与乡村旅游发展路径理论应用到实践中不可忽略的冗余变量，代表着影响其实践理想理论路径的复杂因素。因此，我们把居于理论路径与极化路径之间的实践路径称为可能路径（这是我国大多数社区参与乡村旅游可持续发展的路径模式）。

中国乡村旅游化发展困局破解

Chapter 11

第十一章 结论与研究展望

一、研究总结

不同于城市社区类型的发展，在乡村旅游发展过程中，外来企业的资本优势和当地政府的权力强势使社区参与过程中的乡村居民处于明显的弱势和被动地位，特别表现在关于乡村旅游资源的开发权的争夺和控制上。一方面，乡村旅游开发中依赖的乡村田园风光、山水资源由于所有权为国家或集体所有，“自然而然”地由当地政府发挥全力进行支配使用，而外来企业的资本优势也可以借此发挥其强大的资本购买力以取得资源开发权，在此过程中，本来以土地、草木等自然资源作为谋生手段的乡村居民被迫放弃资源使用权。大多数情况下，也无意识进行权益争夺。另一方面，对于继承自祖辈的乡村风俗手工艺、古建筑民居，当代的村民缺乏继承保护的意识，而在更多情况下，村民对于其中的传统文化价值和经济开发价值无从知晓，迫于生存压力而慢慢将其遗弃，即使当其意识到旅游开发价值时，也因最初的“无力”失去了优先开发权，转而被意识超前、综合素质高、资金实力雄厚的外来企业或租户占领，当地社区精英（村干部、教师等）获取相对较多旅游开发收益的普遍现象也验证了这一理论。

理论的探讨需要实践的支持。本书中袁家村就是一个社区主动参与旅游，并实现了经济增权、心理增权和社会增权的案例，其增权的形式是每一户社区人家都有权力对旅游制度进行平等协商、集体进行社区旅游决策，通过部分或全体村民举行大会，制订并实施了相对均衡的经济利益共享措施，使村民真正参与到乡村旅游决策、管理、利益分配的各个环节当中，各项管理制度都朴素而简单，但是均来自社区内部的集体协商，是“自下而上”建构的制度体系。在这种乡村旅游可持续发展的进程中，旅游制度的制定者正是村民自身，制度的执行者还是村民自身，但这个案例带有明显的地域特色，即社区精英的引领和朴素的平等乡土观，这些因素在中国其他大部分乡村旅游的开发案例中是不可复制和效仿的。在乡村旅游的可持续发展过程中，存在诸多障碍和矛盾因素阻碍社区参与的深入发展，主要包括以下两个方面：

第一，缺乏社区意识。

社区意识是社区全体成员对所在社区的认同感、归属感、责任感和参与感，从而自觉自愿地为社区事务尽心尽力。通过调查发现，大多数乡村社区认同感和归属感很强，却缺乏足够的责任感和参与感，对村庄社区未来的发展表示关心，却意识不到自己所肩负的责任和义务，认为自己只有领导做主、服从指挥的资格。在这种群体心态下，大部分乡村社区居民缺乏主动参与旅游开发的意识和竞争、控制旅游开发权的倾向，自然难以真正参与到乡村旅游开发和经营过程当中并实现社区增权。特别是由于在乡村社区中普遍存在权力与利益密切关联度的体制结构，大多数村民担心其维权行为会使恶化自身的社会生存环境，所以除非其生存资源遭受严重侵犯，否则村民不愿主动“出头”维权，只会被动接受和抱怨。当前在普通乡村旅游社区中的实践形态表明，由于村民的无政治状态，即使是作为社区村民代表和发言人的村委会也与社区利益难以达成一致状态。

第二，社区权力缺失。

在社区居民进行旅游开发过程中，居民看到了旅游开发带来的巨大经济效益，为了能在其中得到部分经济利益，很多社区居民希望能参与到与旅游相关的活动中，以提供旅游服务的经济活动换得部分经济利益。但由于乡村地区在城乡二元经济结构体系中是经济发展相对落后的一方，年轻人大多外出打工，留下的是老人、小孩和部分妇女（朱家裕调查的样本人口特征充分证明了这一点），这些人往往经济、商业意识不强，文化知识水平低，导致参与能力十分有限，同时作为乡村旅游开发中的主体，他们并没有充分认识到自己应有的权利，一般都是以服从相关部门领导的命令为主，但当看到其他人能通过旅游参与得到一定的经济收益时，心中却又往往产生不满甚至嫉恨情绪，而影响旅游开发。

社区参与是体现社区因素和居民意识的有效机制，包括旅游规划、旅游经济活动、环境保护以及社会文化维护等多方面的内容。但事实上，除通过参与经济活动获取收入以外，由于社区意识淡薄、经济发展落后、受教育水平低和参与意识不足等多方面原因，社区在除旅游经济活动之外的其他几个方面的参与明显不足。针对社区意识和社区权力这两个方面存在的实际障碍，更加肯定了社区增权是社区参与乡村旅游发展的关键理论观点。在中国目前的国情下可以从政府有限主导、社区能力建设、合同制约与法制规范、第三方力量的介入等路径提高社区参与度，实现乡村社区的增权。无论是空间位置、地域范围还是旅游资源、活动内容，乡村旅游目的地都与乡村社区存在较高程度的一致性，所以从社区的角度来进行乡村旅游目的地建设和管理，谋求旅游与乡村社区的共同发展无疑是实现乡村旅游可持续发展的有效途径。然而，乡村旅游是个涉及面很广、错综复杂的社会现象，需要用跨学科的多层次研究才能逐步透过现象了解其本质，本书将政治层面的增权理论引入社区参与乡村旅游可持续发展的理论研究框架中，改变就“参与”谈“参与”的理论模式，结合中国乡村地区的独特社会经济文化背景，建立社区参与乡村旅游可持续发展的路径模式，探清在乡村旅游开发过程中，社区群体所处的弱势社会地位和无权状态，对于解决乡村旅游发展过程中容易出现的各种社会、经济、环境问题，推动乡村社区的一体化发展和实现乡村旅游的可持续发展具有重要的理论研究意义。

二、主要结论

本书立足中国乡村经济发展特征，结合新制度经济学、管理学以及社会学等领域基本范式，对乡村居民旅游增权问题进行研究，具体在社区增权理论框架上探讨中国乡村旅游的困局与破解机制，最终为中国经济增长寻找新的动力，为乡村旅游的全域旅游发展提供新的方向。从厘清乡村旅游化发展理念入手，通过探究乡村旅游化过程中社区旅游增权的演变机理与实现机制，以提出更具针对性和操作性的乡村社区旅游增权路径，从而为乡村旅游社区打破旅游增权困境，提高旅游增权效能提供理论依据和决策参考。

本书的研究发现有：

第一，通过利用修正的三阶段 DEA 模型对中国乡村旅游化过程中的现状和质量进行客观评价，挖掘了乡村旅游化过程中矛盾的成因机理，从理论上厘清乡村旅游化发展与乡村旅游目的地社区旅游增权的生成或实现机制：旅游化的经济基础依然薄弱、旅游化的收入水平较低、旅游化的文化基础差距较大、旅游化的教育水平有待提高、旅游化的社会网络联系不强。这些因素致使乡村居民的参与乡村旅游的意愿与能力降低，影响旅游化发展的水平，从而需要对乡村居民进行社区增权。

第二，在社区增权的理论框架下，结合中国乡村背景，构建中国乡村旅游可持续发展的理论框架。以乡村旅游资源的外部性视角，文化资本理论、人力资本理论与社会资本理论，结合乡村社区旅游开发各利益主义的目标与权利，探寻乡村旅游开发过程中的利益分配失衡问题，以制度增权、文化增权、教育增权和社会增权来增加乡村居民的制度资本、文化资本、人力资本与社会资本，从而弱化或内化旅游开发中的外部性、提高文化、人力资本以及社会参与在乡村旅游开发中参与利益分配的能力。

第三，本书选取乡村旅游的先行者陕西省礼泉县袁家村为研究对象，通过实地调研聚焦袁家村在乡村旅游发展的不同阶段社区旅游增权问题。围绕其社区旅游增权机制与利益博弈的动态演变，发现只有充分考虑各个利益相关者的增权或授权诉求，并实现旅游增权过程的协调运行，才可能增强旅游增权的效果。袁家村乡村旅游化正是基于对社区居民的一系列增权，确保了其相关利益收益和旅游参与的积极性，从而与袁家村乡村旅游成为良性互动。

三、进一步研究方向

本书虽然从新的视角阐释了乡村旅游社区增权的机制和结果，但从过程来看，仍需要在以下一些方面做进一步的补充：

第一，对于乡村旅游化水平的测度指标仍需要完善。由于传统的多元回归线性分析是以牺牲数据的多维信息为代价的，因此我们虽然使用了修正的三阶段 DEA 模型来避免这一信息缺失，但在指标的设计当中仍然忽视了很多微观投入，因此在未来的研究中对于乡村旅游化的指标设计依然是一个需要完善的问题。

第二，从乡村旅游化的影响因素来看，基于制度增权、文化增权、教育增权与社会增权的体系下虽然能够看到乡村社区居民的利益博弈与乡村旅游化发展的困局，但对于这种设定显然过于简洁，忽视了这些经济主体之间的互动，此外，由于数据的限制，这些内容对乡村旅游的影响程度也不能很好鉴别。因此，在未来的研究中，通过构建乡村旅游化信息平台进行大数据搜集，以完善增权因素对于乡村旅游的影响机制。

参考文献

[1] 保继刚，孙九霞. 雨崩村社区旅游：社区参与方式及其增权意义 [J]. 旅游论坛，2008 (1)：58－63.

[2] 柴寿升，龙春凤，常会丽. 景区旅游开发与社区利益冲突的诱因及其协调机制研究 [J]. 山东社会科学，2013 (1)：184－189.

[3] 陈飙，钟洁，杨桂华. 云南香格里拉藏族社区参与旅游发展过程的限制性因素研究 [J]. 西南民族大学学报（人文社科版），2007 (8)：165－169.

[4] 陈海鹰，杨桂华. 社区旅游生态补偿贡献度及意愿研究——玉龙雪山案例 [J]. 旅游学刊，2015 (8)：53－65.

[5] 陈静静，曹云雯，张云霄. 赋权，还是去权：一个藏族村庄中的传播、权力与社会身份 [J]. 新闻与传播研究，2014 (8)：70－92.

[6] 陈丽君，胡范铸. 语言资源：一种可以开发利用的旅游资源 [J]. 旅游科学，2010 (6)：22－27.

[7] 陈梅. 基于 CSM 新资源观论的农村社区参与旅游开发影响因素研究 [D]. 武汉大学博士论文，2010.

[8] 陈雪钧. 国外乡村旅游创新发展的成功经验与借鉴 [J]. 重庆交通大学学报（社科版），2012 (10)：56－59.

[9] 陈志永，李乐京，李天翼. 郎德苗寨社区旅游：组织演进、制度建构及其增权意义 [J]. 旅游学刊，2013 (6)：75－86.

[10] 程萍. 社会工作介入农村精准扶贫：阿马蒂亚·森的赋权

增能视角［J］．社会工作，2016（5）：15－23．

［11］池静，崔凤军．乡村旅游地发展过程中的“公地悲剧”研究——以杭州梅家坞、龙坞茶村、山沟沟景区为例［J］．旅游学刊，2006，21（7）：17－23．

［12］单福彬，周静．基于产业价值体系的乡村旅游产业升级路径分析［J］．贵州农业科学，2014（7）：248－250．

［13］费孝通．乡土中国［M］．中华书局，2013．

［14］冯贤贤，杨振之．新土地政策下乡村旅游开发中的土地流转［N］．北京：中国旅游报，2008－12－01．

［15］高波，张志鹏．文化资本：经济增长源泉的一种解释［J］．南京大学学报（哲学社会科学版），2004（5）：102－112．

［16］耿品富，梅素娟，肖兴跃，董福慧．乌当区休闲农业与乡村旅游管理经营模式探索［J］．贵州农业科学，2012，40（5）：205－209．

［17］古红梅．乡村旅游发展与构建农村居民利益分享机制研究——以北京市海淀区西北部地区旅游业发展为例［J］．旅游学刊，2012（1）：26－30．

［18］光映炯．“场域理论”及其对旅游人类学研究的启示［A］．张晓萍．民族旅游的人类学透视［C］．昆明：云南大学出版社，2005：69－82．

［19］郭华．制度变迁视角的乡村旅游社区利益相关者管理研究［D］．暨南大学博士论文，2007．

［20］郭凌，黄国庆，王志章．乡村旅游用地问题研究［J］．湖南农业大学学报（社会科学版），2009（3）．

［21］郭凌，王志章．新制度经济学视角下旅游目的地社会冲突治理研究——基于对四川泸沽湖景区的案例分析［J］．旅游学刊，2016（7）：32－42．

［22］郭文，黄震方．乡村旅游开发背景下社区权能发展研

究——基于对云南傣族园和雨崩社区两种典型案例的调查［J］. 旅游学刊，2011，26（12）：83－92.

［23］郭文. 乡村居民参与旅游开发的轮流制模式及社区增权效能研究——云南香格里拉雨崩社区个案［J］. 旅游学刊，2010，25（3）：76－83.

［24］何景明. 成都市“农家乐”演变的案例研究——兼论我国城市郊区乡村旅游发展［J］. 旅游学刊，2005（6）：71－74.

［25］何丽. 旅游经济下的民族语言文化传承——以云南大理古城和丽江古城为例［J］. 云南民族大学学报（哲学社会科学版），2012（6）：37－40.

［26］胡文海. 基于利益相关者的乡村旅游开发研究——以安徽省池州市为例［J］. 农业经济问题，2008（7）：82－86.

［27］胡晓琴. 乡村旅游开发中违法用地问题研究［D］. 浙江工商大学硕士学位论文，2008.

［28］黄华，王杜春. 基于土地流转的黑龙江省乡村旅游资源开发模式探讨［J］. 黑龙江对外经贸，2009（1）.

［29］黄葵，李庆. 乡村旅游产业转型升级中的用地问题探析［J］. 北京第二外国语学院学报，2012（9）.

［30］黄娅，郭凌，严兴. 生态马克思主义与乡村旅游土地流转中的生态危机［J］. 农村经济，2010（3）：28－32.

［31］黄娅. 少数民族传统民艺开发中的“社区增权”研究［J］. 贵州民族研究，2010，31（4）：31－38.

［32］焦雷，李晓东. 乡村旅游农耕文化的挖掘研究——以沂源三岔乡为例［J］. 中国农业资源与区划，2016（6）：208－212.

［33］金慧华. 论发展项目对土著居民环境权的影响——以世界银行土著居民政策为中心［J］. 政治与法律，2009（7）：137－142.

［34］阚如良，史亚萍，Hsiang－te Kung，周宜君. 民族文化遗产旅游地妇女社会角色变迁研究——以三峡步步升文化村为例［J］.

旅游学刊，2014（4）：19－27.

［35］赖斌，杨丽娟，李凌峰．精准扶贫视野下的少数民族民宿特色旅游村镇建设研究——基于稻城县香格里拉镇的调研［J］．西南民族大学学报（人文社会科学版）2016（12）：154－159.

［36］兰金秋，于立新，王会战．革命老区旅游精准扶贫制度增权的比较研究——以梁家河村和康坪村为例［J］．旅游导刊，2019（2）：13.

［37］黎洁，赵西萍．社区参与旅游发展理论的若干经济学质疑［J］．2001（4）：44－47.

［38］李强．民族旅游发展：国家与地方政府的取向研究——以云南、贵州为例［J］．云南社会科学，2010（5）：64－68.

［39］李庆雷，白廷斌．论旅游经济的有智增长模式［J］．四川师范大学学报（社会科学版），2012（5）：102－109.

［40］李文军，马雪蓉．自然保护地旅游经营权转让中社区获益能力的变化［J］．北京大学学报（哲学社会科学版），2009，46（5）：146－154.

［41］李亚娟，陈田，王婧，王昊．大城市边缘区乡村旅游地旅游城市化进程研究——以北京市为例［J］．中国人口·资源与环境，2013，23（4）：162－168.

［42］李毅，罗建平，林宇静，牛星．农村土地流转风险：表现、成因及其形成机理——基于浙江省A乡的分析［J］．中国农业资源与区划2016（1）：120－130.

［43］李中，洪必纲．中西部地区农村土地流转过程中的风险研究［J］．经济纵横，2012（6）：84－86.

［44］廖霞林，宋黎．我国“农家乐”用地问题的法律思考［J］．理论月刊，2008（12）.

［45］刘丽静．广西旅游强区战略与多民族语言和谐的良性互动关系研究［J］．广西社会科学，2015（6）：15－18.

[46] 柳百萍，胡文海，尹长丰，韦传慧. 有效与困境：乡村旅游促进农村劳动力转移就业辨析 [J]. 农业经济问题，2014 (5)：81 – 86.

[47] 罗秋菊，翟雪婷，丘力恒. 旅游消费者在社交媒体上的增权过程研究——以青岛“天价虾”事件为例 [J]. 旅游科学，2018 (6)：1 – 16.

[48] 梅燕，肖晓. 基于土地流转新政策的乡村旅游发展研究 [J]. 安徽农业科学，2009 (24).

[49] 闵英，曹维琼. 重构传统村落文化保护与发展的文本意识 [J]. 贵州社会科学，2016 (11)：76 – 83.

[50] 潘顺安. 中国乡村旅游驱动机制与开发模式研究 [D]. 东北师范大学博士论文，2007.

[51] 潘小慈. 供给侧改革背景下浙江省乡村旅游转型升级研究 [J]. 广西社会科学，2017 (5)：80 – 82.

[52] 潘植强，梁保尔，吴玉海，林琰，曹婷婷. 社区增权：实现社区参与旅游发展的有效路径 [J]. 旅游论坛，2014 (11)：43 – 49.

[53] 庞笑笑，王荣成，王文刚. 旅游品牌共享型区域的界定及其外部性问题探讨 [J] 当代经济管理. 2014 (11)：60 – 65.

[54] 彭顺生. 中国乡村旅游现状与发展对策 [J]. 扬州大学学报（人文社会科学版），2016 (1)：94 – 98.

[55] 饶勇. 旅游开发背景下的精英劳动力迁入与本地社区边缘化——以海南三亚为例 [J]. 旅游学刊，2013 (1)：46 – 53.

[56] 沈刚. 基于生态系统视角的乡村旅游空间地域性探讨 [J]. 干旱区资源与环境，2007 (21).

[57] 田磊，章锦河，林艳. 土地流转方式下的乡村旅游开发博弈分析 [J]. 云南地理环境研究，2009 (6).

[58] 王昌海，吴云超，温亚利. 少数民族地区旅游收入农户间分配实证研究——以湘西州苗寨景区德夯村为例 [J]. 林业经济问

题，2011（1）：41－46.

[59] 王昌海. 效率、公平、信任与满意度：乡村旅游合作社发展的路径选择 [J]. 中国农村经济，2015（4）：59－71.

[60] 王德刚，田芸. 乡村旅游开发土地流转模式实证研究 [J]. 山东经济，2010（1）.

[61] 王会战，李树民，刘洋，李梦. 中国情境下文化遗产地社区居民旅游增权的结构与测量——基于个体感知的视角 [J]. 预测，2015（4）：34－40.

[62] 王剑，赵媛. 风景名胜区旅游发展与农村社区居民权益受损分析——以樟江风景名胜区为例 [J]. 人文地理，2009（2）：120－124.

[63] 王鹏辉. 新疆民族旅游的社会文化影响研究 [J]. 北京第二外国语学院学报，2006（7）：67－74.

[64] 王维艳. 社区参与旅游发展制度增权二元分野比较研究 [J]. 旅游学刊，2018（8）：58－67.

[65] 王维艳. 乡村社区参与景区利益分配的法理逻辑及实现路径——基于现行法律制度框架视角 [J]. 旅游学刊，2015（8）：44－52.

[66] 王云，龙志和，陈青青. 文化资本对我国经济增长的影响——基于扩展 MRW 模型 [J]. 软科学，2013（4）：12－16.

[67] 王兆峰，腾飞. 西部民族地区旅游利益相关者冲突及协调机制研究 [J]. 江西社会科学，2012（1）：12－33.

[68] 魏建. 嵌入和争夺下的权利破碎：失地农民权益的保护 [J]. 法学论坛，2010（6）.

[69] 翁时秀，彭华. 旅游发展初级阶段弱权利意识型古村落社区增权研究——以浙江省楠溪江芙蓉村为例 [J]. 旅游学刊，2011（7）：53－59.

[70] 吴冠岑，牛星，许恒周. 乡村旅游开发中土地流转风险的

产生机理与管理工具［J］. 农业经济问题，2013（4）：63－68.

［71］熊剑平，刘承良，颜琪. 城郊农村居民对乡村旅游感知影响因素的实证分析——以武汉市黄陂区明清古街为例［J］. 中国农村经济，2008（1）：59－68.

［72］修新田，陈秋华. 山村社区参与森林旅游发展的增权路径研究［J］. 林业经济，2014（3）：96－101、107.

［73］胥兴安，王立磊，张广宇. 感知公平、社区支持感与社区参与旅游发展关系——基于社会交换理论的视角［J］. 旅游科学，2015（10）：14－26.

［74］许春晓，邱赢琦，刘鑫. 居民获得感对旅游开发支持意愿的影响——以湖南10个民族文化旅游小镇为例［J］. 旅游学刊，2019（3）：21－35.

［75］杨振之，王飞. 农村土地利用方式的转变及乡村旅游的新发展［N］. 北京：中国旅游报，2008－12－02.

［76］尤海涛，马波，陈磊. 乡村旅游的本质回归：乡村性的认知与保护［J］. 中国人口·资源与环境，2012（9）：158－162.

［77］于萍. 基于社区增权的乡村旅游可持续发展研究［J］. 哈尔滨商业大学学报（社会科学版），2010（2）：93－96.

［78］张朝枝，孙晓静，卢玉平. "文化是旅游的灵魂"：误解与反思——武夷山案例研究［J］. 旅游科学，2010（1）：61－68.

［79］张大鹏. 资源枯竭型城市旅游资源活化与形象重塑——以湖北省黄石市为例［J］. 中南财经政法大学学报，2015（6）：61－66.

［80］张树民，钟林生，王灵恩. 基于旅游系统理论的中国乡村旅游发展模式探讨［J］. 地理研究，2012（11）：2094－2103.

［81］张铁军. 城市化进程中失地农民市民化问题研究［J］. 宁夏党校学报，2008（4）.

［82］章采烈. 论旅游文化是旅游业发展的灵魂［J］. 上海大学学报，1994（1）：70－74.

[83] 赵巧艳. "资本—策略"视角下居民参与民族旅游的路径：以龙脊景区为个案[123]. 中央民族大学学报（哲学社会科学版），2012（3）：124-132.

[84] 赵中建. 土地流转对乡村景观影响的模型研究[J]. 中国名城，2013，（2）.

[85] 郑群明，钟林生. 参与式乡村旅游开发模式探讨[J]. 旅游学刊，2004（4）：33-37.

[86] 钟钰，蓝海涛. 中高收入阶段农民增收的国际经验及中国农民增收趋势[J]. 农业经济问题，2012（1）：73-78，112.

[87] 周杨. 我国土地流转与乡村旅游发展的关系研究[J]. 经济管理，2014（11）：124-133.

[88] 朱新方. 土地流转的利弊及风险防范[J]. 农村经济，2009（6）：17-19.

[89] 朱玉熹. 民族地区旅游开发中的社区增权问题研究[D]. 成都：西南财经大学，2011.

[90] 左冰，保继刚. 从"社区参与"走向"社区增权"：西方"旅游增权"理论研究述评[J]. 旅游学刊，2008（4）：58-63.

[91] 左冰，保继刚. 制度增权：社区参与旅游发展之土地权利变革[J]. 旅游学刊，2012（2）：23-31.

[92] 左冰. 分配正义：旅游发展中的利益博弈与均衡[J]. 旅游学刊，2016（1）：12-21.

[93] 左冰. 共容利益：社区参与旅游发展之利益协调[J]. 旅游科学，2013（2）：1-14.

[94] 左冰. 旅游增权理论本土化研究：云南迪庆案例[J]. 旅游科学，2009（2）：1-8.

[95] Al-Oun, S., & Al-Homoud, M. The potential for developing community-based tourism among the Bedouins in the Badia of Jordan [J]. Journal of Heritage Tourism, 2008, 3 (1), 36-54.

[96] Arnstein S R. A ladder of citizen participation [J]. Journal of the American Institute of Planners, 1969, 35 (4), 216 - 224.

[97] B. Bynum Boley& Cassandra Johnson Gaither. Exploring empowerment within the Gullah Geechee cultural heritage corridor: Implications for heritage tourism development in the Lowcountry [J]. Journal of Heritage Tourism, 2015. DOI: 10.1080/1743873X.2015.1080712.

[98] B. Bynum Boley, Emily Ayscue, Naho Maruyama & Kyle M. Woosnam. Gender and empowerment: Assessing discrepancies using the resident empowerment through tourism scale [J]. *Journal of Sustainable Tourism*, 2016, DOI: 10.1080/09669582.2016.1177065.

[99] Bhattacharya A., 沈燕. 将非物质文化遗产与旅游业相连以赋权社区 [J]. 西北民族研究, 2016 (4), 91 - 96.

[100] Boley, B. B., & McGehee, N. G. Measuring empowerment: Developing and validating the Resident Empowerment through Tourism Scale (RETS) [J]. Tourism Management, 2014 (45), 85 - 94.

[101] Bourdieu Pierre. The forms of capital [A]. Richardson, J. Handbook of theory and research for the sociology of education [M]. Westport, CT, Greenwood, 1986: 241 - 258.

[102] Bramwell B, Sharman A. Collaboration in local tourism policy - making [J]. Annals of Tourism Research, 1999, 26 (2), 392 - 415.

[103] Choi, H. C., & Murray, I. Resident attitudes toward sustainable community tourism [J]. Journal of Sustainable Tourism, 2010, 18 (4), 575 - 594.

[104] Choi H. C., Sirakaya E. Sustainable Indicators for Managing Community Tourism [J]. Tourism Management, 2006, 27 (6), 1274 - 1289.

[105] Cole, S. Information and empowerment: The keys to achieving sustainable tourism [J]. Journal of Sustainable Tourism, 2006, 14

(6), 629 -644.

[106] Connell D. Participatory Development: An Approach Sensitive to Class and Gender [J]. Development in Practice, 1997, (3), 248 - 259.

[107] Duffy, L. N., Kline, C. S., Mowatt, R. A., & Chancellor, H. C. Women in tourism: Shifting gender ideology in the DR [J]. *Annals of Tourism Research*, 2015, 52, 72 -86.

[108] Ferguson, L., &Alarcón, D. M. (2014). Gender and sustainable tourism: Reflections on theory and practice. Journal of Sustainable Tourism, 23 (3), 401 -416.

[109] Gentry, K. M. Belizean women and tourism work: Opportunity or impediment? [J]. Annals of Tourism Research, 2007, 34 (2), 477 -496.

[110] Haywood , K. M.. Responsible and responsive tourism planning in the community [J]. Tourism Management, 1988, 9 (2), 105 -108.

[111] Iorioa M., Wall G. Behind the masks: Tourism and community in Sardinia [J]. Tourism Management, 2012, 33 (6): 1440 -1449.

[112] Kayat K. Stakeholders perspectives toward a community - based rural tourism development [J]. European Journal of Tourism Re - search, 2008, 1 (2), 94 -111.

[113] Kneafsey M. Rural cultural economy: Tourism and social relations [J]. Annals of Tourism Research, 2001, 28 (3), 762 -783.

[114] Ling, R. S. J., Wu, B., Park, J., Shu, H., & Morrison, A. M. Women's role in sustaining villages and rural tourism in China [J]. Annals of Tourism Research, 2013, 43, 634 -638.

[115] Macbeth J. Dissonance and paradox in tourism Planning - People First? [J]. ANZALS Research Series, 1994 (3), 2 -18.

[116] McMurry, K. C. The Use of Land for Recreation [J]. Annals of the Association of American Geographers , 1930 , (20), 7 - 12.

[117] Mitchella R. E. , Reidb D. G. Community Integration: Island Tourism in Peru [J]. Annals of Tourism Research, 2001, 28 (1), 113 - 139.

[118] Moswete, N. , & Lacey, G. "Women cannot lead": empowering women through cultural tourism in Botswana [J]. Journal of Sustainable Tourism, 2014, 23 (4), 600 - 617.

[119] Okazaki E. A Community - based Tourism Model: its Conception and Use [J]. Journal of Sustainable Tourism, 2008, 16 (5), 511 - 529.

[120] Pleno, M. J. L. Ecotourism projects and women's empowerment: A case study in the province of Bohol [J]. Philippines. Forum of International Development Studies, 2004, 321, 137 - 155.

[121] Potts T. D. , Harrill R. Enhancing communities for sustainability: A travel ecology approach [J]. Tourism Analysis, 1998, (3), 133 - 142.

[122] Scheyvens, R. Promoting women's empowerment through involvement in ecotourism: Experiences from the Third World [J]. Journal of Sustainable Tourism, 2000, 8 (3), 232 - 249.

[123] Simpson, M. C. Community benefit tourism initiatives - A con - ceptual oxymoron? [J]. Tourism Management, 2008, 29 (1): 1 - 18.

[124] Simpson M. C. Community benefit tourism initiatives - a conceptual oxymoron ? [J]. Tourism Management, 2008, 29 (1), 1 - 18.

[125] Strzelecka, Marianna; Boley, Bynum B. ; and Strzelecka, Celina. Empowerment's influence on resident support for tourism in rural Central and Eastern Europe (CEE) [J]. Tourism Travel and Research Association: Advancing Tourism Research Globally. 2016, 22. http: //

scholarworks. umass. edu/ttra/2016/Academic_Papers_Oral/22.

[126] Strzelecka, M., & Wicks, B. E.. Community participation and empowerment in rural post - communist societies: Lessons from the leader approach in Pomerania [J]. Poland. Tourism Planning & Development, 2015, 12 (4), 381 -397.

[127] Taylor, H. The Gullah people and their poverty [J]. (Unpublished student paper). Greenville, SC: Furman University. Retrieved May 4, 2015, from http://www. furman. edu/academics/pvs/research/Pages/Race. aspx.

[128] Throsby David. Cultural capital [J]. Journal of Cultural Economics, 1999 (23): 3 -12.

[129] Timothy, D. J., & Boyd, S. W. Heritage tourism in the 21st century: Valued traditions and newperspectives [J]. Journal of Heritage Tourism, 2006, 1 (1), 1 -16.

[130] Tosun C. Expected nature of community participation in tourism development [J]. Tourism Management, 2006, 27 (3), 493 -504.

[131] Tosun C. Limits to community participation in the tourism development process in developing countries [J]. Tourism Management, 2000 (21), 613 -633.

[132] Tucker, H., &Boonabaana, B. A critical analysis of tourism, gender and poverty reduction [J]. Journal of Sustainable Tourism, 2012, 20 (3), 437 -455.